南方传媒研究

NANFANG MEDIA RESEARCH

南方报业传媒集团 南方传媒学院　主编

001

南方传媒研究

第五十辑

王 巍　只做精品

——南方周末2014改版方法论

新闻理想是我们核心价值观的重要构成部分，未来的南方周末仍将是一个真正意义上的大众媒体。与各类新兴媒体相比，它在大众传播领域具有独特的专业性与公共性。但同时，它又不再拘泥于任何特定的传统大众媒体形态，而是一个受众覆盖更加广阔、产品形态更加多元的集成。

051

裘 萍　微信报道要有人味儿

微信版采用拟人化方式，一问一答。问题设计完全从读者角度出发，回答又轻松诙谐。就好像一个爱吹水的街坊在跟读者闲聊。这也正是我们努力建构的“咩君”形象。他就生活在你我身边，包打听，好议论，消息来源又是可靠的。这样一包装，一个高大上的题目一下子就接地气了。

024

郭现中　无罪归来 无法回归

历时一年，我采访拍摄了11个案例，不仅仅是想记录下他们让人潸然泪下或惊心动魄的故事，让他们的影像定格在底片上，好不至于那么快被时间所湮没；更是想让这些良善如你我的人们以当年身陷囹圄时的姿态出现在公众面前。

073

南方日报出版社
NANFANG DAILY PRESS

图书在版编目（CIP）数据

南方传媒研究·第五十辑：文本“转型”/南方报业传媒集团 南方传媒学院主编. —广州：南方日报出版社，2014.10

ISBN 978-7-5491-1186-2

Ⅰ.①南… Ⅱ.①南… ②南… Ⅲ.① 传播媒介－中国－文集 Ⅳ.① G219.2-53

中国版本图书馆 CIP 数据核字（2014）第 244870 号

南方传媒研究

第五十辑：文本“转型”

南方报业传媒集团 南方传媒学院 主编

出版发行 南方日报出版社
地　　址 广州市广州大道中 289 号
电　　话 （020）83000502
经　　销 全国新华书店
印　　刷 广州市怡升印刷有限公司
开　　本 787mm×1092mm 1/16
印　　张 11.25 彩插 0.5
字　　数 270 千字
版　　次 2014 年 10 月第 1 版
印　　次 2014 年 10 月第 1 次印刷
定　　价 28.00 元

投稿电话：020-83003364 83004106
网址：http://media.nfdaily.cn

发现印装质量问题，影响阅读，请与承印厂联系调换。

目录 Contents

NO.50

南方周末

南方周末记者直击战火下的乌克兰

这个冬天怎么过

051

无罪判决之后

073

传媒动态006

006 语丝
008 人物
010 数字
012 事件
014 权益
015 文摘
016 南方

焦点话题「文本“转型”」017

020 徐一龙 新媒体文风：一个有限度的真问题
024 裘　萍 微信报道要有人味儿
030 雷韵祺 纸媒在微信上该唱哪一出
037 张　弛 当一个不端着的观点供应商
043 廖智晟 流行语在大众传播中的应用
张　迪

专题「南方改版」049

051 王　巍 只做精品
——南方周末2014改版方法论
059 刘江涛 南方日报全新改版：
金　强 报网融合开辟转型新“战场”
王长庚
林旭娜
064 南方人物周刊改版小组 我们的态度和方法论

记者讲述071

073 郭现中 无罪归来 无法回归
080 张　瑞 面貌各异的“阿姐”
088 孙旭阳 “权利匮乏者”的爱与愁

传媒观察 094

094 郭全中 传媒变革加速

106 方 英 报业如何建成新型媒体集团

庭荣视界 111

111 支庭荣 秉中持正才是内容为王之道
陈梦圆 ——兼谈新闻业应抛弃“以药养医”的套路

新媒体 118

118 阮志峰 门户网站首页页面重构趋势

采写编 125

127 李军奇 你尽管上流，我执意下流

132 赵 孟 我为什么关心独龙江自杀

东瀛专稿 138

138 高井洁司 日本右转背后的新闻业动向
——战后报纸“同质化”问题及变迁

学者视窗 146

146 王 月 传播偏向论下的共谋：
莫言获诺贝尔文学奖报道分析

新闻评论 155

155 赵振宇 新闻发现是新闻评论的基础
——以“时间文明”系列评论为例

A12 北京·法治
腾讯编辑收19万
违规删帖获刑6年

111

亿万 你来抢
粤21市纪委书记如何炼成？学历“高大上”
广东开展食品安全“三打两整治”专项行动

118

朝日新聞
タクシー参入 厳格化
東京☆☆☆8店

138

舆情亲历 159

159 蓝 云 两个华哥

传媒茶座 163

165 马九器 辟谣需要进入“新常态”

168 白红义 离职的背后

170 王 佳 发力即时新闻不可自我放逐

173 周云龙 “种水稻”和“做新闻”

微博话题 176

176 再见新闻理想?

编后记 179

179 本刊编辑部 假如我是一只鸟

中间插页

摄影记者 王良珏 功夫在“机”外

南方影像 郑梓煜 “平庸”的超现实：超视域的视觉秩序

图片赏析 翁 倩 病毒蔓延时

编 委 会

主　任 莫高义

副主任 张东明

编委会委员

黄常开 王更辉 丘克军

蔡玉明 欧阳农跃 王垂林

曹 轲 陈广腾 黄 灿

王义军 吴爱平 胡 键

王 巍 段功伟 任天阳

郭亦乐 姚燕永 郎国华

徐 列 陈 永

执行主编 罗永新

编　辑 吴自力

封面设计 墨 白

封面漫画 曹 一

版式设计 伍圣游

编　务 张巧玲

地　址 广州市广州大道中289号

电　话 020-83003364 87363753

传　真 020-83004106

邮政编码 510601

电子邮箱 nfcmyj@vip.163.com

nfcmyj@163.com

网　址 http://media.nfdaily.cn

http://www.nfmedia.com/cmzj/cmyj/

"版权资源是文化产业发展和信息传播使用过程中的基础性、战略性资源，在推动传统媒体和新兴媒体融合发展中，要充分认识并积极探索实践版权的作用。"

——8月28日，国家新闻出版广电总局副局长、国家版权局副局长阎晓宏出席国际版权贸易高级研修班并发表主题演讲。

"首先是民生问题，比如户籍制度、社保制度的改革，是民众最关心的，也是攸关民生疾苦的，这些需要优先入手；然后是民主问题，要从民主法治的角度来推进改革，这些问题的解决，关系着民心向背。"

——8月20日，原人民日报副总编辑周瑞金在《新京报》谈"什么是对邓小平最好纪念"："重温当年小平的改革胆略、改革决心和改革智慧，来实现社会发展的理想、目标和步骤。"

"我认为后面的十年、二十年，我们已经进入一个没有纯粹互联网公司的时代，甚至所有公司都是互联网公司，所有互联网的公司都不是互联网公司。"

——9月3日，中央电视台大型纪录片《互联网时代》播出第十集《眺望》，优酷土豆集团董事长兼CEO古永锵谈未来的互联网。

"'伊拉克和黎凡特伊斯兰国'极端组织此次所犯下的是令人发指的罪行……该组织正在进行的恐怖活动仍在荼毒叙利亚和伊拉克两国的人民。"

——8月20日，联合国秘书长潘基文通过其发言人发表声明，强烈谴责美国记者詹姆斯·福莱遭斩首。

"每个台有每个台的规定，比如奖金、绩效、年终奖等，拿中央台来讲，奖金的数额根据一年整个台里收入情况、频道设定的收视指标达到与否来发放，所以很难说每年能拿到好多钱。央视主播的工资比工资条上一定多，多多少呢？每个月工资至少多一倍。但我们没外面吵得那么多，我一年都未见得能拿到28万。"

——9月16日，央视著名主播、央视新闻中心播音部副主任康辉到成都做讲座，提到外界盛传的央视工资问题。

“融合首先要打通。一个集团下面，传统媒体和新媒体，以前好像一个大杂院，一家一户，各买各的菜，各做各的餐。现在要把每家每户的小灶改成大厨房，让大家汇集一堂，统一采购、分类加工、集中分发。”

——9月10日，微信公众号“镜鉴”推出人民日报副总编辑、人民网董事长马利的一篇演讲稿《不变革媒体就真老了》。

“中央全面深化改革领导小组作出媒体融合的指导意见，某种意义上，标志着中国又勇敢地闯入一个改革深水区。面对时代赋予的使命，迎接挑战，传统主流媒体既无可回避，也值得期待。”

——8月22日，复旦大学传播与国家治理研究中心研究员沈逸在《人民日报》撰文谈“媒体融合要应对好三大挑战”。

“整个市场是在扩张当中，但是作为传统媒介的人反而会觉得市场空间越来越小，所做的作为越来越无效，自己的空间越来越受挤压，这说明用传统的方式去做精细的市场、精确的服务，已经严重不适应。”

——8月18日，中国人民大学新闻学院副院长喻国明接受人民网记者采访谈媒体融合。

“当前及今后一个时期，各级新闻出版行政部门要凝聚共识，加快推进行政审批制度改革，继续清理精简行政审批项目，切实做好‘接、放、管’服务，上下贯通。”

——国家新闻出版广电总局副局长孙寿山在出席9月17日举办的2014年全国新闻出版行政审批改革工作培训班上讲话。

“对传统媒体而言，最受威胁的恰恰是专业内容的深入化。关于专业内容组合，传统内容的切合方式略显粗糙，偏向从自己的感受和趣味出发，而今天产品服务者提供的内容完全是从需求对位出发，标签化水平更高一些。”

——8月底，中国政法大学新闻与传播学院院长、新华社音视频部副主任陆小华在《中国传媒科技》杂志上谈“媒体在重新定义中融合存在五大约束”。

马云

胡润研究院9月23日发布胡润百富榜，现年50岁的马云及其家族以1500亿元人民币财富首次问鼎中国首富。马云的问鼎，主要得益于阿里巴巴刚在美国成功上市。

张亚勤

9月10日，百度宣布，微软亚洲研究院（MSRA）创始人之一、前微软亚洲研究院院长兼微软全球副总裁张亚勤正式加盟百度，出任总裁，负责新兴业务。

杨伟光

中央电视台原台长杨伟光因病于9月20日去世，享年79岁。他是中国电视产业最早的拓荒者之一，被认为成功地领导了迄今最为卓越的央视变革。

伊凡·佐克曼

弹窗广告的发明人——现任美国麻省理工学院公民媒体中心主任、麻省理工学院媒体实验室科学家伊凡·佐克曼发表文章，为当年发明这一工具表示忏悔。

胡勋璧

8月28日，新京报记者从知情人士处获悉，湖北知音传媒集团董事长胡勋璧，因涉裸官问题，已被免去党委书记和董事长职务。

焦一

9月16日，陌生人移动社交App微聚创始人焦一公布获得超过千万美金级A轮融资。微聚一直专注于陌生人移动社交领域，上线仅11个月，已经拥有注册用户1000万。

洪小文

微软9月17日宣布，微软亚洲研究院院长暨微软亚太研发集团创始核心管理团队成员洪小文，升任微软亚太研发集团主席。

赵莹

8月6日，网易门户副总裁、总编辑赵莹发出内部邮件，宣布由于个人原因已经提出离职，相关工作交由网易副总编辑陈峰接管。

宫崎骏

美国当地时间8月28日，美国电影艺术与科学学院宣布最新一届奥斯卡终身成就奖名单，宫崎骏名列其中。他将成为继黑泽明导演1990年之后第二位荣获该奖的日本人。

刘建宏

8月26日，原央视体育名嘴、足球之夜栏目主持人刘建宏正式加盟乐视体育，他将在乐视体育担任首席内容官一职。

图说 357个违规微信公众账号被处置

第一批违规微信公众账号

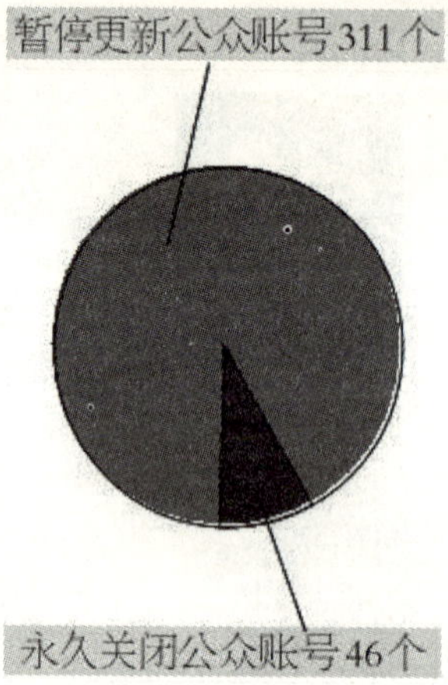

永久关闭账号

- **假冒媒体机构发布虚假信息** "浙江新闻"
- **传播淫秽色情信息** "双甜记""艾斯8""纸巾老湿"等
- **编造传播谣言** "XX集团""XX商贸有限公司""XX家具有限公司""XX卫浴"等
- **发布诽谤他人信息** "XXX古玩艺术品交流""XX速递""X益堂"等

《即时通信工具公众信息服务发展管理暂行规定》发布后，腾讯公司对微信公众账号进行全面梳理。截至8月25日，腾讯共暂停更新公众账号311个、永久关闭公众账号46个。从处置名单看，商务类公众账号存在较多违规发布问题。

数字

150万元

360诉《每日经济新闻》案宣判 后者被判赔150万元

9月19日，360起诉《每日经济新闻》侵害商誉一案在上海徐汇区人民法院正式宣判。法院判定《每日经济新闻》报道构成对360公司名誉权的侵害，要求《每日经济新闻》连续向360公司道歉10天，并赔偿150万元。

16倍

美国传媒巨头甘尼特股价5年翻16倍

美国当地时间8月4日，《今日美国》的母公司、美国传媒巨头甘尼特（Gannett）股价再次劲升4.4%，至34.32美元/股。这也就意味着如果你2009年3月投资了100美元该公司股票，到当天它已升值到了1600美元。

9.7亿美元

亚马逊9.7亿美元收购Twitch

8月26日，亚马逊宣布将以9.7亿美元的现金价格收购流媒体直播游戏视频服务网站Twitch Interactive。此次交易预计于今年下半年完成，这也将成为亚马逊20年历史上规模最大的收购交易。

1.565 亿

微博月活跃用户数达到 1.565 亿

新浪公司及微博公司 8 月 15 日发布的第二季度财报显示，在 IPO 后的首个季度微博业绩表现强劲，净营收为 7730 万美元，同比大幅增长 105%。微博月活跃用户数达到 1.565 亿，同比增长 30%。

1070 亿美元

全球杂志市场规模达 1070 亿美元

国际出版顾问公司 Rudiger Wischenbart 发布的《2014 年全球出版业发展趋势》显示，全球图书市场是规模最大的，目前的整体规模达到 1510 亿美元，而全球杂志市场规模达 1070 亿美元。

第五

中国网民垃圾邮件接收总量降至第五

中国互联网协会 8 月 25 日在京通报，我国互联网用户收到垃圾邮件占其邮件总量比例从 2006 年初的 63.97% 下降到 2014 年一季度的 38.2%；中国在全球所占垃圾邮件比例排名由 2006 年的第二下降至第五位。

6 万余件

上半年全国新收知识产权案 6 万余件

8 月 12 日，最高人民法院发布消息，今年上半年，全国法院新收各类知识产权一审、二审、再审案件 66609 件，比去年同期上升 13.29%。其中，著作权案件 29546 件，同比上升 5.8%，案件量仍居第一位。

近两万

英国为净化网络环境屏蔽近两万网站

英国“公开权利组织”7 月公布的报告称，他们调查了超过 10 万家网站，发现被服务商过滤器屏蔽的网站数量约为 1.9 万，其中主要是涉及色情、暴力、极端思想及侵权内容的网站。

1434 亿元

中国网民一年因侵权损失 1434 亿元

8 月 27 日，首届中国网民权益保护论坛举办。报告指出，综合网民的时间损失和经济损失，网民年度损失估计达 1434 亿元，其中时间折换损失为 340.5 亿元，经济损失为 1093 亿元。网民权益的保护已经成为一个不容忽视、亟待解决的问题。

数字

微博开“稿费” 拉拢自媒体

启动近3个月的新浪微博自媒体计划，超过1000位作者受邀加入，月均收入3000元至7000元之间。在众多互联网平台都在争夺自媒体资源的大潮下，微博此举能在多大程度上留住用户的心仍待考验。

美第二大报业集团寻买家

美国第二大报业集团“数字第一媒体”9月12日宣布，集团正考虑进行战略调整，包括卖出集团或将部分业务转手，以适应媒体行业的新环境。“数字第一媒体”现拥有76家报纸和160家周刊，其中知名报刊包括《洛杉矶日报》等。

新媒体版权联盟集结百余家媒体

8月28日，百余家媒体齐聚北京，发起并召开新媒体版权联盟成立仪式暨首届成员大会。新媒体版权联盟是由中国版权协会指导，人民网等9家中央级媒体联合发起的非营利性协调机构。该联盟旨在打击侵权盗版，维护版权权益。

美甘尼特公司电视报纸分家

美国媒体集团甘尼特公司(Gannett Co)近日宣布，将包括《今日美国》在内的81家报纸产业与广电/数字产业分家。同时，它将购买汽车网站car.com的73%的股份，增加对数字产品的投资。

“七夕病毒”肆虐 百万用户被感染

深圳警方8月2日在其官方微博宣布，于七夕前后泛滥的“××神器”病毒短信案件已告破。犯罪嫌疑人是一名19岁的大一新生。百度手机卫士安全专家分析，这个“××神器”短信蠕虫是一个典型的病毒短信，主要通过短信传播。

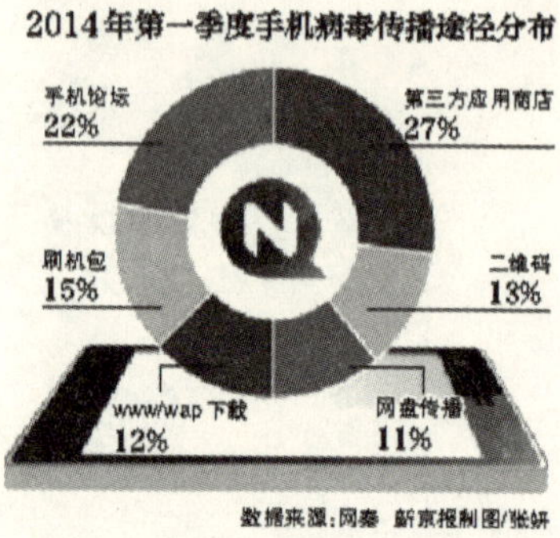

CNN 女记者咬伤 2 名医务人员 被索赔 200 万美元

8 月 4 日，两名医务人员在曼哈顿将资深国际新闻记者达蒙和 CNN 告上法庭并索赔 200 万美元。根据诉状，达蒙于 7 月 19 日醉酒后辱骂使馆医疗工作者，当两名医务人员试图上前救助她时，达蒙竟奋起咬伤了两人前臂。

全球最大数码图库 GettyImages 起诉微软侵权

全球最大数码图库 GettyImages 9 月 4 日表示，该公司已经向微软发起侵权诉讼，指控该公司的一款工具允许其他网站嵌入通过必应搜索引擎生成的侵权图片。该诉讼瞄准的是对 GettyImages 图片的商业化使用行为。

中国搜索推出“国搜新闻”客户端创新版

中国搜索 9 月 10 日正式发布国搜新闻客户端创新版。在重大事件深度报道、媒体融合等方向做新的探索与尝试，发力个性化阅读模式。据介绍，“国搜新闻”客户端是中国搜索旗下的首款移动新媒体产品。

微软宣告 10 月 31 日正式关闭 MSN 服务

8 月 28 日，微软宣告将于 10 月 31 日关闭即时通讯软件 Windows Live Messenger(MSN)。该通讯软件于 2005 年引入中国。微软已于 2013 年 3 月在除中国内地之外的全球范围内关闭了 MSN。

逾 9 成媒体人健康状况堪忧

近日，赛立信调研机构发布的“2014 中国媒体人健康状况调查报告”显示，中国媒体人中逾九成健康状况不佳，其中，运动少休闲少、三餐不规律、工作压力大成为影响媒体人健康状况的主要因素。

记者职业危险度调查

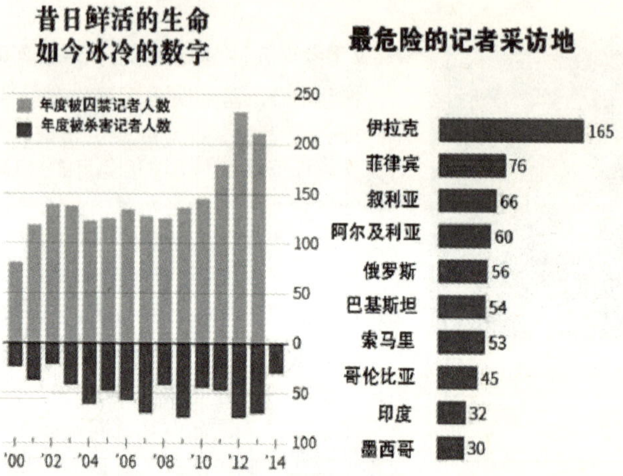

数据来源：全球保护记者委员会2014年报告。

在这个世界上，每一天都有记者因为报道真相而被杀害或囚禁。自2000年以来，全世界共有741位记者遇害，另有2012名记者被拘禁。2013年共有71名记者遇难，37%是纸媒记者，30%为广播电台工作，30%电视记者，还有3%是新闻网站记者。其中96%的受害记者是男性，占据了压倒性多数。

“伊斯兰国”发布处死第二名美国记者视频

极端组织“伊斯兰国”9月2日再次发布一段视频，声称内容为杀害第二名美国记者史蒂文·索特洛夫。这是继美国记者詹姆斯·福莱后，该组织宣布斩首的第二位美国记者。美国情报机构经过分析，证实了这段视频的真实性。

中铁十四局在建隧道山体滑坡 记者采访遭围殴

8月16日，兰州中铁十四局在建隧道山体滑坡，5人被困。记者在现场报道时，一名中铁十四局工作人员阻挠采访，推搡记者，抢夺采访工具，随后又叫来多名工作人员围堵记者。被殴打的记者被诊断为脚腕韧带拉伤、轻微脑震荡。

俄失踪记者被证实在乌东部遭炮击身亡

俄罗斯侦查委员会9月3日说，法医鉴定结果显示，在乌克兰东部失踪的俄罗斯记者安德烈·斯捷宁遭炮击身亡。斯捷宁今年33岁，是军事题材摄影记者，从2009年开始在“今日俄罗斯”通讯社的前身俄新社工作。

钟达任：
用“据传”写报道有违新闻真实性原则

在最近一段时间内的新闻报道中，特别是在有关反腐败的新闻报道中，常常出现“据传”、“据信”、“有人说”、“或将……”等用语。而且，围绕着这些用语所展开的新闻报道，也并没有记者的相关采访、核实与调查。其中一些新闻报道的成章，源于“据传”，证于“据信”，结于“或将”，字里行间不见记者的踪迹，通篇没有一手事实佐证所报，以致整个报道成了放大市井传言的传声筒。这种依据传言便可成章的新闻报道，完全违背了新闻真实性原则，弱化了媒体的社会功用，败坏了新闻业界风气，因此必须杜绝之。

新闻报道的真实性是决定新闻载体兴衰存亡的最关键因素。没有真实性，新闻载体就没有公信力。而公信力是新闻载体影响力的核心。不以真实性求公信力，不以公信力求影响力，既不会有持久的公信力，也不会有持久的影响力。那些依据传闻炮制新闻报道的媒体，正是把真实性抛诸脑后而求影响力，并旨在以影响力来牟市场之利。然而，实践已经无数次地证明，真实性乃新闻生命力之所在。因此，没有真实性，新闻媒体既不会有“力”，也不会有“利”。(2014年9月9日《光明日报》)

普华永道：
报业衰退趋势将终止

都在感叹报业的衰退，媒体的冬天？普华永道的最新研究成果却显示：全球报业收入下降态势将止于2015年，之后将出现增长。得益于发展中国家报业收入的增长，亚太地区到2018年的年均增长率预计为3.4%，中国为8.3%。因为消费者和广告主的需求在增加。(www.pwc.com)

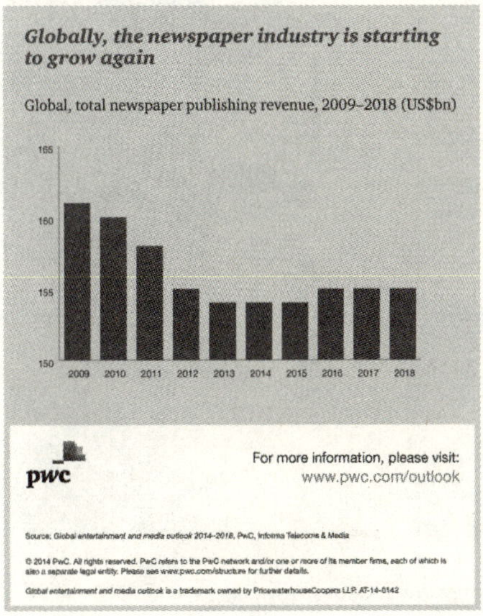

莫高义
当选中国报业融合发展十大领军人物

10月16日，首届中国报业新媒体发展大会暨2013—2014中国报业融合发展创新奖颁奖典礼在温州举行，南方报业传媒集团荣获四项大奖。其中，集团入选2013—2014中国报业融合发展创新十强，集团党委书记、管委会主任、董事长莫高义当选2013-2014中国报业融合发展十大领军人物，奥一网入选2013—2014中国报业十大最具影响力城市门户网站，南方全线通智慧传播及LED联播网平台获2013—2014中国报业新媒体项目创新50强提名奖。

南方日报
蝉联广告投放价值省级日报第一

9月18日，第七届中国报刊广告大会在湖北武汉举行。在会上发布的“2013—2014中国报刊广告投放价值排行榜”中，南方日报继续蝉联“省级日报十强”第一名，南方报业传媒集团亦同时入选“融合奋进新型传媒集团”。

南方周末做电视
“小强填字”荣誉回归

8月30日，南方周末“小强填字”荣誉回归！中国第一个益智填字游戏节目《我知道》于当晚8:30亮相四川卫视，崔永元、郭敬明和李艾三位导师坐镇，录制现场高清照片首次曝光！

焦点话题「文本“转型”」

焦点话题「文本“转型”」

徐一龙　新媒体文风：一个有限度的真问题
裘　萍　微信报道要有人味儿
雷韵祺　纸媒在微信上该唱哪一出
张　弛　当一个不端着的观点供应商
廖智晟　流行语在大众传播中的应用
张　迪

编者按

在告别精英办报、人人都有麦克风的新时代，新闻从以“传者”为中心到以“受者”为中心，从“纸上”到“网上”、“手机上”，从版面到“两微”……变化已经到来，难道真的仅是标题党盛行而已？本专题尝试回答的是，与其挞伐，不如思考：新闻文本是否需要做些渐进的改变，以便更好地符合这个时代的受众认知，和更精准地挠中这个复杂时代的痒处？

漫画 曹一

新媒体文风：一个有限度的真问题

□徐一龙

徐一龙

一

十多年前，我刚在报社实习时，接触最多的体裁是消息写作。

一次，跟着一个颇有才情的记者老师外出采访，回到报社，老师坐在电脑前一气呵成地完成了一篇以短句为主的 800 多字的消息，写就推案而立，顾盼自得。那确实是篇很棒的消息，我看得多少也有点目驰神摇。

他最喜欢写 800 到 1000 字的消息。理由是，这样的篇幅不长不短，太长未免劳累读者（也有不愿劳累作者之念吧），太短则信息量有限，且难以使用白描等写作技巧。这是一个可以追求精致的篇幅，有点、有面、有细节。就像一桌款待三四好友的精致小菜，荤素搭配，有汤有干，恰好值得主人一试身手。

现在看来，这个理论完全适用于现在的新媒体写作要求——不要太长，读者是用手机看的，就是用 6 寸的苹果 6，也没几个人愿意翻四五页；要快速做到吸引人，得会设置悬念，或给出令人印象深刻的细节，要不干脆提出一个语能惊人的论点；多用短句，就像越现代的电影越少用长镜头，更多的镜头才够炫。

不过，对新媒体文风的探讨，我觉得，这是一个有限度的真问题。

二

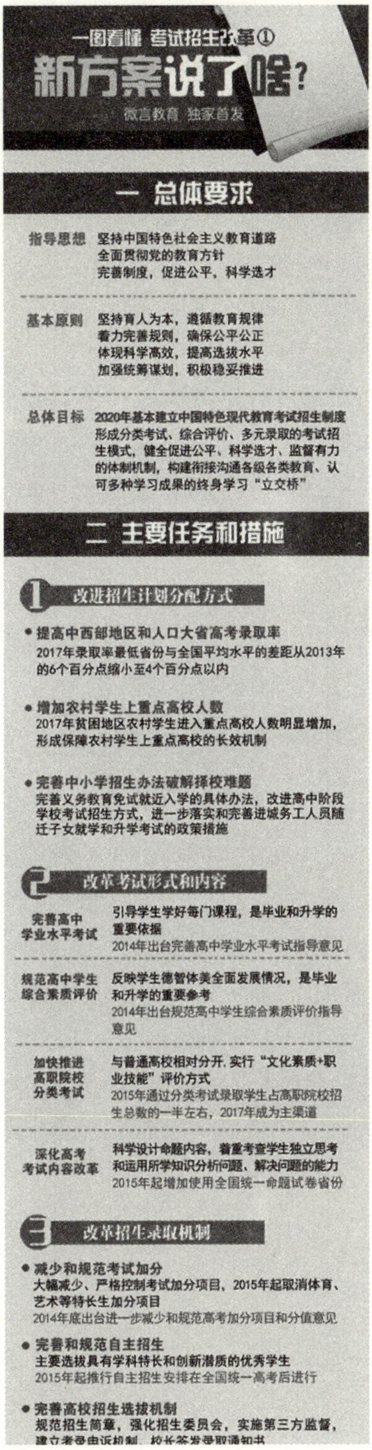

说它是真问题，因为微博（包括其实没那么长的长微博）、微信公共号、以移动端为主要阵地的自媒体，它们的文风确实给人以耳目一新之感。老派的文字风格搬运到新媒体上，一眼就能被识出。前一段，教育部改革高考制度，消息放出不到一个小时，教育部就发出了“一张图看懂考试改革”的图解式新媒体产品。能有这个意识，当然值得一赞，可当你仔细看着这个图解时，大bug赫然在目。这个图解最先告诉受众的，不是改革了什么，而是大段改革的意义和宗旨。新瓶装旧酒，这算不上是新媒体应有的“文风”。

文风、文本这么重要，为何探讨它的价值又是有限度的呢?

新媒体的文本，并非是一个完全崭新的文本。

我刚刚跳槽到网络媒体时，参加过一次新闻客户端的“PUSH”（推送）文本讨论会。各大新闻客户端比拼的一个重点是PUSH新闻，新闻发生后，将简要信息发送到手机界面上。这个领域，要比快，也要比文字简洁、大信息量、创意和美感。这些对新闻业者的要求,不是回到过去了吗?六七十年前，美联社和合众社的记者们，通过电报抢发最重要新闻，遵循的正是同样的标准。这简直是一个轮回，现在客户端的新闻编辑绞尽脑汁地提炼文字，是因为手机屏幕就那么大，二十多个字要说清楚问题；以前，通讯社的记者们雕琢文字，是因为发送电报复杂且昂贵，要想超过竞争对手，必须言简意赅。

这标准的轮回，不只在新闻PUSH上。

有段时间，微信上流传着一个公号的内容，“讲故事应该成为企业品牌新闻战略的一部分”，我转发这个公号后，收到了几个转做公关的前同行的点赞。事实上，有一家大型的电器企业的微信公共号，已经公然开始讲故事了。可是，大概在1990年代的央视新闻改革中后期，讲故事的理论已经一轮轮传播了。它已经先进了一二十年，现在被企业公关奉为至宝。

这标准的轮回，还在新闻篇幅和文字精致度上。

欧美国家有很多现代作家出身记者，海明威、马尔克斯等等。海明威简洁有力的文风，就是在报社时被老板训练出来的。那时候，报纸篇幅有限，记者们压根没废话的空间，又短又好，才是最高标准。篇幅有限，甚至成了“倒金字塔”结构不可忽视的物质前提。

为什么是新闻报道而不是小说，催生了“倒金字塔”结构？因为，有限的不只是篇幅，还有人们的耐心。人们不会愿意为阅读大量新闻而付出类似阅读小说和看电影的时间和精力，简洁、明了而有充满趣味的文本，是绝大部分新闻作品成功的基本元素。

三

如果说，新媒体文本的成功，只是遵循了新闻报道黄金时代基本规律，那么为什么，它们的文本给人完全不同的感受？

我经常阅读一个主打评论的微信公共号“海涛评论”，公号作者是我的一个朋友，此前，公号的名字是“公司评论”。这个原本定位于财经领域的公共号，也常常评论时政问题，后来改为现在的名称。我喜欢这个公共号，不是因为作者是我的朋友，更不是因为它的文本简洁有力，而是因为犀利。犀利不是文本标准，它是一种风格或者一种尺度，可风格和尺度最终会影响到文本。你想表达一个什么东西，可要绕七八圈才能或明或暗地点到（这可不是设置悬念哦），无论你是什么级别的文字大师，你都会为每句话的遣词造句而苦恼。

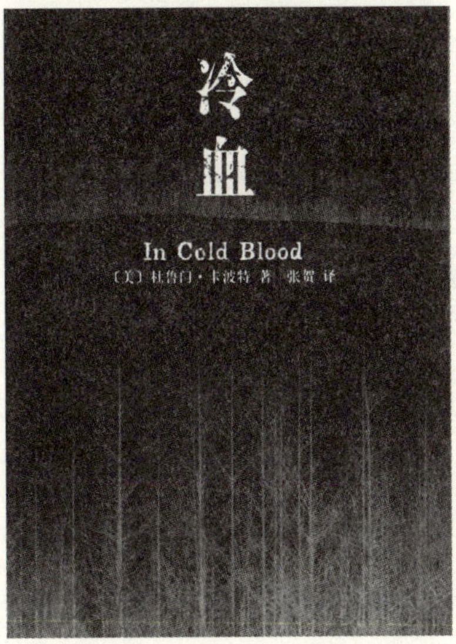

所以，当你去总结新媒体文本为何成功时，你会发现，在文本之上而又严重影响文本的一个因素：新媒体的文字更加直接和真实。

表达的内容和表达的方式，是一种互相影响的关系。

就像宋词的豪放派与婉约派，它们都既是风格，也是内容。

再回到教育部关于高考改革的图解产品，让这个产品显得过时的，绝非表达的方式，而是表达的内容，当注定考试改革的意义和价值是主人公时，考试改革本身就会在设计和文本中处于次等重要的位置。

我们永远都可以说，这是一个最好的时代。是的，昔日的微博和今日的公共号，都有着或多或少的超出传统媒体的表达空间。不利用这种空间进行文本的探索着实是浪费。

但如上所言，这种文本的探索和独特性，是有局限的。《纽约客》的长文，在公号上仍然好看。而短小的垃圾文章，仍然是垃圾。

1959 年，作家卡波特受雇于纽约客到美国中部堪萨斯州霍康姆小镇采访一个灭门血案。当他深入地接触了这个案件之后，他给杂志社打电话，他没法为杂志社撰写报道了，这个内容值得写成一本书。6 年后，非虚构写作的经典著作《冷血》问世。

一本书和一篇杂志的长文，会差很多，差得多的，绝非文本。新闻的文本发生过许多变化，但所有变化，真正遵循的标准是如何更充分、真实地表现这个世界。

新媒体确实改变了这个世界，但刊发在新媒体上的文章，却从来没有改写过写作的规则。

（作者系搜狐网新闻中心总监）

微信报道要有人味儿

□裘萍

裘萍

《看广州副市长怎么炼成》一文于6月18日刊登于《南方都市报》A8、A9版，反应平平。当然，报纸的有效阅读率和传播力很难统计。更多人知道这篇报道，是因为同日发布的微信版《如何顺利当上广州市副市长》在微信朋友圈里刷了屏。据后台统计，截至9月中旬，《如何顺利当上广州副市长》阅读量为72030人次，位列南都广州新闻部微信“小号”咩事十大传播力新闻稿件第二名。第一名是突发类新闻事件。在静态类报道中，该报道传播力名列第一，而且拉开第二名3万余人次点击率。

这篇报道为何会出现报纸和微信两个版本?

《南方都市报》6月16日全新改版，提出“更快更灵动，更慢更优雅”，强化慢阅读、深阅读、精阅读、独家策划和独家视角。广州新闻部推出“政解”版。政解，从时政新闻中洞悉变化，分析趋势，传播见解；关注公共政策决策过程和公权力运作规律，普及城市政务常识，培育公民议政氛围;时政和我们每一个人都相关，我们用大数据、可视化观察广州的政治生态，告诉你生活的政治和政治的生活。公共政策、人事任免、政经发展等都是政务观察的重点方向。

基于改版，副市长群体纳入观察。加之当时，广州市副市长团队人事变动，正好为选题找到启动点。

我先建了一个广州市近10年履任副市长资料库。经过分析他们的公开简历，广州副市长的轮廓愈加清晰。我在一次采编报题会上，“发布”了我的初步分析结论，“来自粤东西发达地区，技术骨干业务精英，35 岁左右当上处长，出自经贸或城建口的干部更易坐上副市长的位置”。单凭这个结论，可以断定，这是一个相当有吸引力的选题。结论朗朗上口，适合网络传播。“咩事”的编辑很快相中。

“咩事”是南都广州新闻部的微信“小号”，选材概括为四“人”——人所不知、对人有用、引人议论和耐人寻味。“咩事”编辑认为，一个有价值的新媒体消息，至少要满足四个要素中的一个，消息本身所带的要素越多，越能勾起读者的阅读欲和转发欲。

难得的是，副市长稿几乎同时满足四“人”标准。

首先，它属于政坛后门，人所不知的官员段子，是中国老百姓最爱的谈资；结论对公务员升迁或有参考。事实证明，这篇报道确实在公务员队伍中流传度很高；怎么顺利当上副市长，话题本身有议论空间；初步分析结论中得出的关于副市长祖籍地、年龄等规律，给人回味余地。

这个题从选题阶段就注定是微信的“菜”。微信便于传播者更精确地了解它的受众群体。他们喜欢看什么？需要什么样的信息？而了解这一点，对一个媒体是同等重要。

微信版的传播力为何完胜报纸？

一、独特分析角度

守着一个数据库，分析角度十分重要。不然很容易陷入海量数据，花

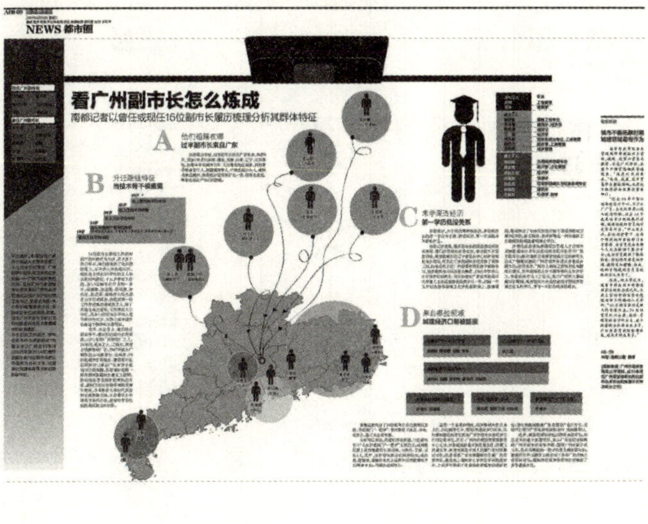
NEWS 都市圈

看广州副市长怎么炼成

南都记者以曾任或现任16位副市长履历梳理分析其群体特征

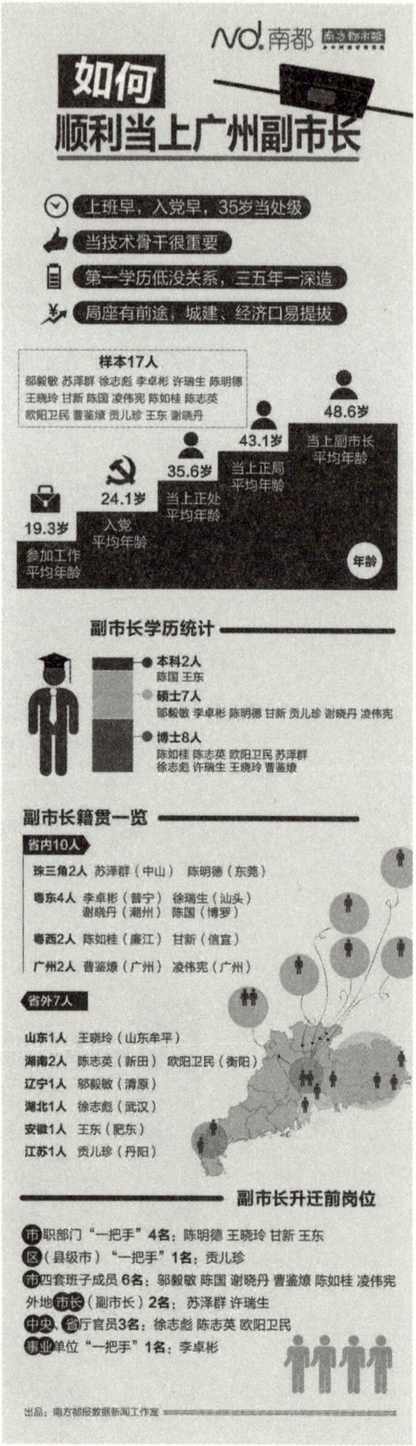

费大量精力却抓不着重点。我通过数据库设置了四个重点分析项：祖籍、工作经历、求学经历、来自哪些领域。每一项又细化成若干小项，比如工作经历中，我比对了他们的入党时间、参加工作时间和工种以及当处长、局长、副市长的年龄；求学经历中，我还关心他们的第一学历和最终学历；来自哪些领域中，我统计了他们任副市长前的一个岗位。

之所以会分析祖籍地，是因为了解广州的市领导多为省内产生，早就有些传闻。之所以关注他们当处长的年龄，是因为在日常对公务员的接触中，经常听到这样的抱怨，“35 岁当不上处长就没前途了”。于是，数据分析很大程度上是用来验证先前的传闻和假设。然后再用更多细节、更多专家解读去丰满结论。

正是源自积累，才使得选题切入分析的角度吸引人。微信版和报纸版比较，前者更能体现作者原稿初衷。

微信时代，谁能提供更独特的新闻，谁就更有市场。

二、微信版拟人化问答，是一种“平视”

对比报纸版和微信版，稿子主体相同，但是结构方式不同。打个比喻，菜是同样的菜，装盘不同，口味大不相同。

报纸版采取了传统编辑方式，稿件分切成两部分，数据分析和专家解读。数据分析按照“他们祖籍在哪”、“升迁路线特征”、“求学深造经历”、“来自哪些领域”四部分分切。提炼的相应结论为“过半副市长来自广东”、“当技术骨干很重要”、“第一学历低没关系”、“城建经济口易被提拔”。专家解读，解释了“为何城建领域更易有作为”这一现象。

微信版将数据分析和专家解读打通“装盘”，形成5组问答：

“Q:这么多（副）市长，里面有我老乡吗？A:过半副市长祖籍粤东南，潮汕人客家人挺多的。”

“Q：我从小都想当副市长！能告诉我有什么必要条件吗？A：这么说吧，如果35岁前后你没当上处长，基本就……”

“Q:我没读研没读博也没上党校，还有救吗？A:第一学历低点没关系，如果不懂适时深造就是你的问题了。”

“Q：哪些单位最容易出副市长呢？A：城建、经济口易提拔，前提是你先当上局长。”

“Q：我是苦逼文科生，还有机会吗？A：理论上说有的，以后人文学科官员会越来越多。”

微信传播的特点是“点对点”，互动性强。因此，微信版采用拟人化的方式，一问一答。问题的设计完全从读者角度出发，回答又轻松诙谐。就好像一个爱吹水的街坊在跟读者闲聊。这也正是我们想努力建构的“咩君”形象。他就生活在你我的身边，包打听，好议论，说话的语气也有自己的风格，消息来源又是可靠的。这样一包装，一个高大上的题目一下子就接地气了。

从语言风格上，微信版更加亲民。开场一句“本君告诉你如何顺利当上护士长……呵不，副市长！”足以让人捧腹。“苦逼文科生”等大量网络词汇的应用，贴近生活。当报纸上的“一本正经”遭遇网络世界的“诙谐调侃”,后者的“悦读感”显然更强。适当卖萌和高端黑都是网友热爱的。

更深层次看，微信版采用的是“平视”，事实证明，这在新媒体时代，比传统媒体的“俯视”视角更有读者缘。

微信的出现，很好地连接了人际传播和大众传播的通道，符合了人们想“逃离”传统媒体控制的愿望。要想得到高传播力，微信报道，需要更多人味儿。

三、微信版更重解读和更多细节

所谓巧妇难为无米之炊，没有好的素材，再有本事的编辑也编不出吸引人的版。对比可见，微信版五个分析结论的提炼，很值得玩味。比如，“过半副市长祖籍粤东南”，这一分析呼应了官场野闻，报纸上用“过半副市长来自广东”明显是有意保守，目的正是避免“联想”、“解读”。关于升迁，微信版提炼出“35 岁当上处长”是一道坎，报纸版则用“当技术骨干很重要”打点，明显乏力。

总体感觉，相比微信版，报纸版提炼的新闻点温吞，半遮半掩。这当然不是编辑的个人水平问题，而是两种媒介尺度大小决定的。

我提供的原稿超过 4000 字，见报稿 2200 字。文中几处有意味的解读，见报都被删掉了。比如“深造和升迁总是如影随形”一段以及之后分析二者关系的一段。一个微妙的现象是，凡是微信版中蓝色字体强调的部分，正是见报稿中消失的部分。而这些正是最有可读性的。

报纸版本来还配了一副漫画，几位正装男女正在爬梯子。最终也被拿下，怕被解读为“嘲讽官员爬梯子”。微信版则用一张铺着红地毯的楼梯照片做了封面主图，让人充满遐想。

报纸用极小的尺度降低出品风险，我表示理解，因为这是探索人事报道边界的一次尝试。南都广州新闻部首次用数据分析厅官，部分还是现任。

微信版作为报纸版的有益补充，

从副市长共性分析到市府秘书长们平时干些啥，“咩事”发出的文章证明领导那些事大有市场

微信公号“咩事”那些事

南都记者 李欣

传统媒体人转做新媒体，应该有怎样的态度?“尽你的努力，让读者看到他们想看却又无处可看的一些东西”，这是我心目中的最佳答案。

发端于二三月，始于四月，至今，南都广州微信公众号“咩事”三个月了。之所以取名“咩事”，寓意为无论广州发生什么值得探究的事情，我们都会“话你知”。而那只发福得甚至有点走形的肥羊“咩咩君”，也已经陪着读者们走过了上百个日夜。

尽管之前有着打理过一个官方微博号的经历，但在初期，两大新媒体产品在传播原理和形式上的不同，也着实让我伤透脑筋。相比于直接就能看到140个字的微博，微信上的文章也许并不具备第一眼就抓住读者的特质；而无法与陌生人共享评论和转发的天然设定，也决定了微信产品必须走另外一条路。

——就是让每位点开又读完文章的读者，感觉值得再次把手指转向手机右上角，那个转发的按键。

网络上流传着一个段子。传统媒体编辑给记者打电话：“你要补充采访这些……(省略2000字)”，记者又去采了三天，出来一篇独家稿件。新媒体编辑对小编说：“最近那个公众号×××不错，有些文字咱们可以借(chao)鉴(xi)一下。”这不仅仅是个引人发笑的桥段，据我所知，这么做的新媒体不是少数。

但所幸，我有一群靠谱的同事。5月初广州火车站的突发事件，整个网络还在聚焦讨论凶徒身份和动机的时候，我的同事就已经向后方反馈：事件中还有两名帮助警察制服凶徒的关键人物，两人都在派出所协助调查。

随后，通讯工具一阵繁忙。很快，警方送其中一位关键人物去医院检查，一位同事趁着开车门的瞬间，要到了他的电话号码。那是当天最令人震撼的现场照片的主角——一个拿着木棍跟凶徒对峙的汉子。紧接着，另一位在广场上卡住凶徒脖子的老搬运工，采访也有了进展。挖掘方向终于确定。

当晚，一篇题为《滴血的砍刀遇上了俩狠角色》的文章被推送到广州读者手中，“咩事”一炮而红。

曾经有人跟我讨论过：在广州，新媒体读者会不会像北京人民那样，对一些政治上的传闻充满兴致。

我的理解是，如果是捕风捉影的消息，终归会淹没在人们每天收到的众多“文字垃圾”之中，甚至在茶余饭后的闲读里都很难被记起。有说服力的调查论断，才是读者想看到的。

步入6月，一向相对平静的广州官场开始有了各种调整的迹象。一次例会上，当大家热烈讨论广州市政府领导调整时，一个有趣的现象出现了：除了资深的时政记者，其他人对副市长和市府秘书长们的了解还处于懵懂状态。那普通读者呢?他们会不会同样对这些群体很感兴趣，却又无从得知?

于是，一位刚休完产假的同事主动请缨，履历梳理、资料整合、数据对比、采访党校教授……最终，从副市长们的四个共性分析，再到市府秘书长们平时究竟干什么工作，“咩事”发出的这两篇文章，证明了领导们那些事，还是大有市场。

而后，广州市主官被查，举城震惊。这个在网上极具想象空间和段子潜质的题材，依然考验着整个团队的承受能力和挖掘能力。不盲目地跟风猜测编段子，我们更多真实地呈现了主官突然落马后广州官场的惊愕和无措。比如某区刚开完会传达主官的指示，就收到他被查的消息，区领导们不得不折回办公室，重新再开一个会；又比如政府部门间如火如荼的赛场上，手机响起那一刻的诡异气氛。

那晚，改稿到凌晨三点，每个人都很累，但都很有信心。果然，第二天的推送，再次在朋友圈中刷屏，十多万人通过微信读到了我们的努力和坚持。

而那种特殊时期下，市领导们的任何一次公开露面，都会是人们关注的焦点。我至今依然清楚记得同事投来的一篇关于一位市领导出席会议时表现的稿件，其中还涉及到领导被问及主官被查问题时的表现。看完后，我决定不作删改，照发。

第二天，这位同事告诉我：当事领导在读完“咩事”的文章后，觉得很实在。“理解万岁”，这是同事转述的该领导的表态。

听完同事的讲述，我很开心。不是因为市领导的肯定，而是在这个仍处于浮躁阶段的新媒体领域中，我们依然秉承了媒体人应有的严谨，只不过表现形式更接地气一些。

以相对更大的尺度，给遭删节的细节提供了一个出口。

“要想尽快往上升，不断充电是王道”、“稳健性或创造性的官员更容易获得提升，而在‘看摊型’单位的官员上升空间一般不大”，类似这样真实而大胆的分析，在微信上找到释放空间。

微信这种基于日常生活的真实社交关系圈的传播行为，具有强大的信息扩散能力。一个好内容一旦引爆扩散传播，刷屏是分分钟的事情。

（作者系南方都市报广州新闻部首席记者）

纸媒在微信上该唱哪一出

□雷韵祺

雷韵祺

如果说微博红火的时代，已经争取了读者大量的时间和注意力，那么到了微信时代，纸媒简直经历了一场巨大的掠夺——

纸媒的内容优势，被自媒体的人格魅力所淹没，被小众媒体的独到和新锐所超越；积累多年的受众群体，突然被放到网络媒体上比对，纸媒和网媒的受众数量极为悬殊；原以为结实的忠诚度和媒体公信力，在多元化的媒体形态冲击下，逐渐势单力薄；既定的广告服务体系，在数据化的网络媒体面前，显得毫无说服力。

这些正在失去的所谓优势，都源自于互联网技术加速了媒体迭代的进程，先行者失去了“经验上的优势”，经验在媒体这一行不再那么地管用了。尽管大部分纸质媒体都在努力地革新和转型，但在转型的过程中，也经历着层层阵痛。大概可以归结为以下三大困局：

第一，跟网络媒体、小众媒体同行相比，纸媒没有传播渠道和速度的优势，同时由于技术团队的缺席，导致整个团队的运作机制，缺少技术支持，团队负责人的决策，也缺乏产品层面的判断力；

第二，转型需求和原有内容团队之间的矛盾，固有的内容协作机制，似乎不太适用。编辑记者一方面认识到新媒体巨大的传播力，另一方面又认为新媒体平台过于草根、碎片化，无法实现他们个人对内容创作的主张。新媒体对内容数量需求极大，但大部分纸媒没能大手笔地投入建立起一个人员充足的新媒体团队；

第三，当纸媒面对具有强大的新媒体运营能力的广告主时，纸质媒体传统的广告价值难以体现，策划创意能力也将受到挑战。

关于传统媒体转型的分析文章和案例，每天都在微信上疯转，但又有多少案例能够被复制重现？转型的观点和道理读了一遍之后，它们也不过是一篇深度水文。懂的人正在做，不懂的人永远在开会讨论。

一个微信号的运营，绝对只是媒体转型的一小部分，而从微信号开始的转型，试错成本更低，培养团队的周期越短。一个优秀媒体微信号运营跟纸媒产品运作大不相同。下面将一起探讨一些微信运营技巧和学问。

一、从微信内容创作上来说，由于阅读场景和阅读习惯的变化，在微信上用户更希望看到娱乐性强的、观点鲜明的、快速读懂的内容

1. 不做 1.0 的专题策划，做 2.0 的话题互动策划

说起专题策划，传统杂志的操作方式一般都成统一套路，有时间跨度地观察剖析同一个现象，或者关注不同人群不同代际之间对同一问题的不同态度，认真地回顾造成此现象的种种原因。然而这样的专题内容，对于微信阅读来说，太深了。

而 2.0 的处理方式，可能是互动小游戏，当房祖名吸毒的新闻被发出后，相信每个人的朋友圈里都会出现过“在柯震东里找出房祖名”的小游戏；也可以是单纯的话题互动，如城市画报运作了一个性情类微信号“十色”，上面有一个叫“床洞”的栏目，长期与读者互动，分享各种床上经历，单篇文章阅读量能达到4万-10万，并且投稿量惊人。

在手机的阅读场景下，比起严肃的深度报道，人们似乎更喜欢看一些能吐槽的、娱乐性强的互动内容。

2. 文章结构的转变，制造阅读的快感！说重点！用图片！

微信阅读的场景往往是一些碎片时间，如挤地铁的时候，坐公车的时候，嘈杂的阅读环境，决定了文章的结构必须轻便，容易入戏。文章比起杂志上的文章必须更注重可读性，一些小技巧可以帮助运营者快速达到：

◆ 每一段都有独到的观点，创造阅读的快感；

◆ 段落尽量短，多分段；

◆ 重点信息写在前面，以序号标注，匆匆看过都能理解到位；

◆ 图片对信息的展示更容易读明白；

◆ 配图要优雅没水印，内文的配图往往是文章给读者的所有印象。

3. 内容排版要适应手机阅读

内容排版是一件讲求用户体验的事情，同时使文章信息能够更有效传达。在手机这个小屏幕的阅读中，要有好的规划才能将读者的眼球好好地留在你的文章上：

◆ 段落不能太长，段与段之间需要空行；

◆ 手机屏幕宽度有限，段首不用缩进两个字，节省文章篇幅的长度；

◆ 永远不要把文章直接从Word里直接复制到微信中，附带格式要去除；

◆ 为了照顾网速不好的读者，图片大小最好控制在200KB以下；

◆ 重要信息可以添加特别的颜色或高光，但不要出现太多颜色的字体；

◆ 排好一定要预览，不预览不知道！

4. 语言风格要放下高冷生涩的措辞，学着以卖萌为生，主动勾搭热点

新媒体运营者需要置身于整个互联网的语境中，感受热点和舆论方向，培养不言而喻的幽默感。放下纸质媒体的严谨措辞，制造富有人情味的语言风格。这需要编辑的个人领悟以及领导层面的开放，多看多观察也未必能立刻习得。

5. 没有标题党，就没有新媒体

文章标题好与否，阅读量的差别往往不止一个量级。在微信上的热门标题，主要分为以下几类：

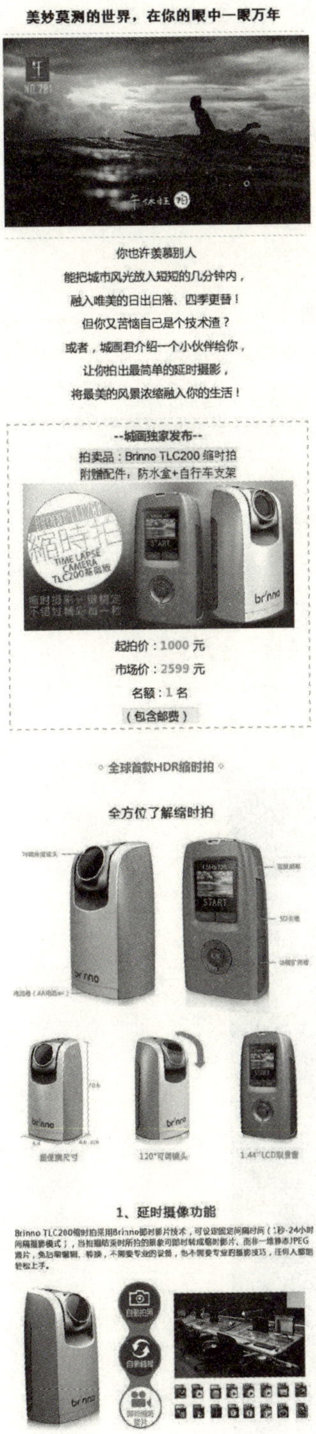

◆ 热点相关类，在昼颜风靡中国时，标题要提到“出轨”，在王菲谢霆锋的八卦引起全城热议时，标题要提及“王菲”、“张柏芝”、“谢霆锋”、“李亚鹏”等词更有可能被点开。

◆ 引用或改编段子类，这种完全看编辑个人发挥，如“待我长发及腰，少年帮我洗头可好？”

◆ 欲言又止类，类似标题可从豆瓣热门文章上取得灵感，如“那，你忙吧！”

◆ 毒舌刻薄类，如“为什么自古红颜多薄命？因为没人注意丑女活多久。”

二、从媒体产品层面的运营上来说，每个微信号的运营都应该相当于媒体的一个子品牌

以前媒体的子品牌是音乐节、行业论坛、行业评奖等线下大型活动。媒体运作的微信号，可以是基于原有业务的划分来运作，譬如每个品牌活动都配套一个微信号，也可以是基于媒体在互联网平台上的另一种存在形态而运作独立的微信号。

1. 以互联网产品思维，运作一个微信号

互联网产品思维，就是微信号并不是原有媒体在微信平台的简单延伸，而是在移动互联网平台，重新寻找一种跟读者沟通的方式。并且将这个微信号运作成能够有盈利模式，或者能够连接起原有业务的创新广告模式。

团队协作机制也要体现以产品为中心。以一个微信号为单个项目，运营团队以不同项目为中心作业，项目组里每个成员，都能够知道项目每个环节的具体运作情况。

以城市画报为例，我们在官方微信上，运作出一个关于生活方式的拍卖项目——午休狂拍。我们有独立的人员配备运作这个项目，从拍卖洽谈到文案撰写，

再到拍卖上线，活动维护，拍卖品寄送等环节，均有一个项目组里面的人员独立负责。

同时，这个项目一方面能为我们带来拍卖收益，另一方面，品牌和广告主通过午休狂拍，可以看到城市画报受众群体的消费能力，城画本身的策划能力和运营能力，对广告业务有大大的促进作用。而且这样的拍卖活动新鲜有趣，丝毫不伤害用户体验。

2. 纸媒自我细分，培养旗下独立的自媒体或功能性微信号

在将一个微信号运作成独立产品的同时，媒体需要思考的是多个子微信号的定位。传统媒体品牌，在定位上一定比较宽广，而移动互联网时代，讲究的是自我细分。所以，当传统媒体品牌在微信上运作时，必须把自己关注的领域，具体化和细分化。

继续以城市画报为例，她是一本关注城市生活方式和城市年轻人生活状态的杂志。这个定位在传统媒体上来说，已经属于细分领域，但是放在网络媒体上来说，依然宽泛得有点不着边际。因此，我们细分成很多微信号，如瑜伽方向的 iYoga，酒店美学方向的 Hotel，旅行方向的“出境”等等。

这些子媒体的微信号，都属于生活方式范畴，可以承接纸质媒体原有的一些广告服务。而这样的细分，使得新媒体的管理更加容易，一个轻团

队即可推动，而且每个新媒体产品都非常垂直，受众粘度更好。

3. 在一个项目体系中，拓展不同业务，适应微信时代的功能需求

纸质媒体原有业务，大都依赖创意和创意执行人才，同时也已经有了成熟的盈利模式，即使延伸到微信平台也无法得到规模化的扩张。那我们可以尝试基于同一项目为微信拓展出不同的业务。

城市画报旗下有一个叫“创意市集”的品牌项目，主要与品牌合作，组织各种原创设计师、独立品牌摆摊销售自己的产品。这是一个完全建立在线下的项目品牌，如果不做任何功能的延伸，在微信上的呈现形式，可能都是一场一场市集的活动预告。

而创意市集团队重新整合了一下自己的优势资源——创意设计师、独立品牌产品。于是，在微信平台上，运作出了一个礼物方向的微信商城——“得来礼物”。因为多年线下活动的积累，大量的独立品牌货源稳定，相对来说更加轻而易举。

这样的尝试，也让新媒体人才进入到传统媒体的独立业务中，为每个传统业务都种下新媒体的基因。

4. 子微信号，更有可能运作成行业案例，获得广告主的认可

因为传统媒体本身的影响力，运作子微信号，具有一定的影响力基础，以及受众基础，比自媒体运作起来更迅速一点。同时，子微信号分别代表单个业务或者单个项目，是一个细分化的媒体形态，更垂直，更容易引起同领域的关注，备受讨论，成为案例。

三、从纸媒转型上来说，微信只是一次开始的练兵

纸媒登陆微信，只是磨合团队的一次练兵，也是低成本转型的试验田。有任何想法都可以放在微信上尝试一下，感受市场反应，再作出调整。因此，在转型层面来说，微信运营主要关注一下几个方面：

1. 从微信运营开始，布局技术团队，低成本试错，寻找产品突破口和跻身互联网主流媒体的机会。

2. 通过微信的出色运营，感受互联网内容创作及传播效果，培养内容团队协作机制。

3. 掌握新媒体运营及技术开发后，低成本探索互联网媒体产品，实现媒体影响力在互联网平台上延伸和规模扩大。

微信发展到现在，仍处于红利时期，传统媒体越早布局，越早试错，更能够探索出转型的突破口，从其他同行中脱颖而出，也有助于已有业务体量迅速扩大，或者获得资本市场的青睐。

（作者系城市画报新媒体部高级项目主管）

当一个不端着的观点供应商

□张弛

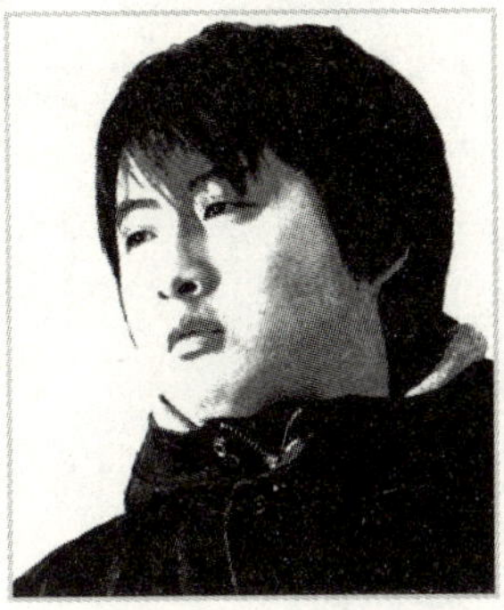

张弛

一

"观点供应商"这个词，其实并不新鲜。

它之于大部分搞新闻传播工作的人而言——专注于新闻评论的人除外，或许还是个在新闻操作过程中竭力避免的趋向：新闻应冷静客观，追求"零度写作"，文本尽量杜绝不必要的形容词和副词，既采用文学范畴内的第三人称全知全能视角，也不渲染夸大未可知难证实的流言。简单一句话：不提供观点，只还原事实。否则，就太不新闻专业主义了。

正因为接受西方新闻界熏陶后的中国式新闻专业主义，是所有从业者的命根子，所以成为一个观点供应商的概念，似乎很难像一枚炮弹打进新闻媒体圈的内核之中，比起前者，事实还原和见证人的身份应该更符合传统媒体人的自身定位，也更容易收获集体认同和荣誉感。

这是传统工业社会下的媒体价值观。因为信息发布平台的稀缺和资源整合能力的垄断，新闻媒体仅仅做好自己资讯供应商的角色就够了：他所发布的内容，即便是对客观环境的拟态，也会被大多数受众认定为事实，哪怕有对事实认定的不同意见者，也由于上述两点的缘故，站在舆论弱势的位置上，难以形成由事实引发的观点对冲。这是大众传媒时代的经典"子弹论"效应，无论呈现在新闻媒体上的事实还是观点，都是单向度的。

后来，信息时代下的互联网改变了这种单一的对话方式。观点之争因为信息发布门槛的降低，愈发显示出对新闻事实的多元化解释和补充，甚至是颠覆，新闻“罗生门”事件时有发生，新闻媒体机构的话语权威性色彩也在这种新的语境冲击下被不断解构。这样现象级的表征在移动互联网的推动下也逐一显露出来：网络红人、意见领袖以及行业精英甚至草根大号，都有可能在传播量和影响力上，轻松打败一个扎根立足数十余年的媒界航母。

化整为零，在传媒领域，大众那头向分众这头几乎没有过渡，而是闪电般地一脚登临。2006 年《时代》杂志的年度人物将代表每一个人的 YOU 登上封面，已经宣告了多元个性化的“I 时代”将原有的话语生态覆盖，需求的骤然增加和多变让受众开始较之希冀被告知“是什么”，更强烈想知道“该怎样”。

焦躁不安的传媒大舰们开始寻求转身，无奈体量太大步履艰难，机构习惯性非自然人化的传媒话语所塑造的文本依旧居高临下、零度冰冷，拉近不了与受众之间的距离，包括占据重要位置的观点性社论，哪怕经历过大字报式的“宣传体”、标准严苛的“新华体”，以及理想主义化的“抒情体”，却仍然无法从中发现充满个性化体现的“我”。保守有保守的原则：这是祖宗定下的规矩，哪有说破就破的道理。于是，读者四散而去，任意寻找和攀

附能求得“我”认同的其他发声渠道。

专业主义的坚守阵营可能并不买这一套的账，他们会拿外国同行们的作品作出反驳：在关于中国的报道中，为什么欧逸文和何伟的长篇特稿依旧颇受追捧？为什么储百亮和傅才得的新闻调查仍然奉“倒金字塔”体为圭臬并广为传播？对于这些问题，一点也不艰难的解释是：前者按照什克洛夫斯基的“陌生化”理论，将人们司空见惯的东西置入新的环境来考察，从而在这个过程中获得新的体验方式；而后者所选择的报道题材，恐怕是中国大陆媒体敬而远之而人民群众却喜闻乐见的宫闱秘料。

二

传统定义上的“硬新闻”，统一发布的垄断渠道和方式让它们即便不改变话语和文本来适应互联网语境，仍然能博得眼球和爆炸式的传播。济南高院去年的薄熙来审判利用微博作出全程直播，这种手段虽然此前绝无仅有并引发全民围观和信息传递，但在陈述文本上仍不是互联网式的，而依赖于其本身事实的价值，这与今年由新华社微博@新华视点来统一发布徐周两案异曲同工。

那些“硬新闻”之外的资讯，诸如体育、娱乐、时尚、科技，甚至是财经和社会民生的题材，则多多少少能够在文本改造上落下互联网话语生态的痕迹——加入“我”的个性化元素，以主动进入新的网络传播链条当中。这不得不令人想起一份已死去9年却在字里行间网感强烈的报纸——《南方体育》，14 年后它的创办者龚晓跃回忆起发刊词中引用了一句拿破仑的话还会颇为得意。他写到：“我将和你们进入世界上最肥沃的平原，在那里你们将发现光荣、名气和财富”，从此确认了自己观点供应商的角色，并带入不客套的“编读互动”，而“以有趣对抗无趣”的口号更像是当下网络话语的衍生物，无论嘴上还是笔下，舞文弄墨中满是风暴的味道。但生不逢时的结果是，先锋往往成为了先烈。

仅以上述几例，不难理解为什么门户中的改版转型，网易希望自己“有态度”起来，腾讯最火热的观点性栏目“今日话题”也早就提出“用常识解读新闻”，各式各类的观点逐步在此盘踞，成为新闻背后更迅疾充足的助推力，“跟帖比新闻更精彩”和“神最右”的出现则汇集了更多个性化的言论，致其喧宾夺主能够站在舆论传播的前面，“双微”一先一后的势头更给这列观点和谐号铺上了更多的枕木和铁轨，当一些传统媒体仍旧将此作为简单的资讯发布平台时，观点供应商们如雨后春笋，一发不可收。互联网的交互属性对于传者和受者的意义在于此：一为供应具备功利化的资讯，并为此提供相配套的服务成为资讯服务商；一为将无功利化的资讯转化为娱乐和解读，成为观点供应商。

新闻文本中的话语转变已经因势渐发，然而还是远远跟不上整个互联

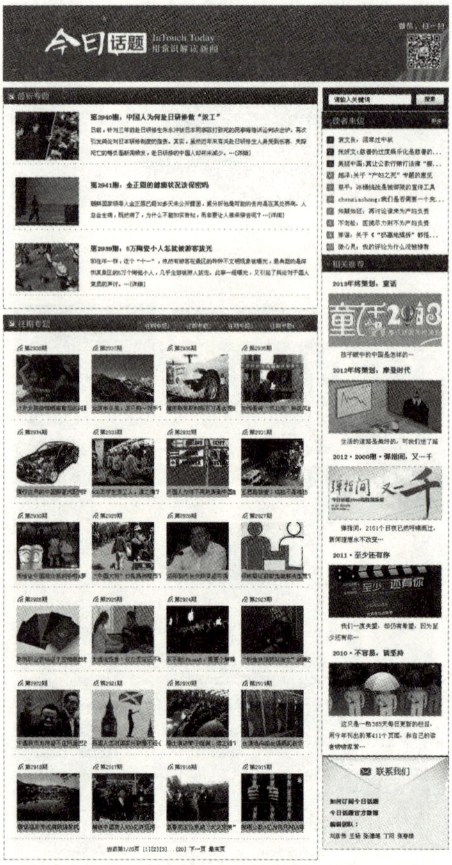

网话语变化的速度，不夸张地说，传统媒体的话语解释权已经交付给网络，并且基本上被牵着鼻子艰难往前挪步:《人民日报》曾经将网络流行词“给力”付梓见报，并在同业中引发一番“给力”上报的潮流，却被一大批新潮网络语专业户吐槽将一个形容词用成了动词;《南方都市报》曾在今年6月18日用可视化的图表刊登了一篇《如何当上广州副市长》，将新晋广州市长团队的两名新成员——市政府秘书长周亚伟和萝岗区委书记骆蔚峰的新闻巧妙转化成对一个副省级城市市长团队成员们的工作、求学经历，时政新闻文本中的语言陈述和表现形式上有了偏离传统固有话语的趋势，但仍然没有整体上脱离传统时政新闻的表达；澎湃新闻客户端和微信号在距离“十一黄金周”之前策划了一份“如果各景区也有朋友圈……”的虚构图文展示，用拟人化的形式将各景区“调戏”了一把，并暗中与新闻事件结合将观点暗藏其中，但这样的手段玩法，常年混迹于网络段子界的人应该不会陌生，算是倒了好几次手的“拿来拿来再拿来主义”了。

三

说白了，如果觉得一些高大上的新闻媒体机构转身姿势不优雅，甚至有时候略微有些东施效颦的感觉，究其原因仍旧还是因为太端着。

互联网带来的代际变化已经由农业社会和工业社会产生的“前喻文化”，变成了在信息时代一出生就以“拽酷萌”为主题的“后喻文化”，人类学家玛格丽特·米德讲：“现代世界的特征，就是接受代际之间的冲突，接受由于不断的技术化，每一代的生活经历都将与他们的上一代有所不同的信念。”相同的特征也体现在传媒剧变的世界里，拒绝教化，需要平等对话，是新生代需要的传播话语体系，同时也是新闻机构在权威崩塌时仍旧以高大上姿态示人却自己倍觉转身困难的掣肘。“我”的觉醒和高傲抬头同样也宣示着，在应当平等对话的舆论场之中，倘若你老端着，那我只能无视。

当然，观点市场的急剧扩大在一定程度上会加重注水的成分，从而分散和削弱人们对于核心舆论事件的关注和参与。《纽约时报》今年8月底发表一篇题为《社交媒体如何抑制辩论》的文章，依据调研机构皮尤调研中心和如罗格斯大学发布的一份报告宣称：“Twitter 和 Facebook 等社交媒体会遏制观点多样化，阻碍公共事务辩论，限制人们发表自己的观点，尤其是当人们发现自己的观点与好友不同时。”

由此，在网络言论空间里，便产生了诺依曼提出的“沉默的螺旋”效应：我只选择我赞同并广受欢迎的观点和事件进行参与和扩散，对于无人理会的言论或事件碎片，哪怕内心赞同也宁愿保持沉默。旧的世界逐渐搁浅退场，新的世界必须迎头接上。这从一个反方向也证明，如何成为一个优质并且专业的观点供应商，并且提供与之语境相匹配的文本，仅从传播而言，是多么重要的一件事情。然而，这并不意味文本内容的制作和传播流程，必须走向一味迎合而因此丧失了媒体人基本的职业判断——那是网络推手和心灵鸡汤流水线才奉行的营销行为准则。这一过程中，肯定会存在传受双方激烈的相互筛选：总有人会离开，也总有人会加入。

戏称自己在网上码字15年的“和菜头”，微信里告诉他的数十万读者：“虽然我此时的文字推送出去有庞大的订阅者都会收到，但我要在这些写下的文字里让你感到，我只跟你一个人对话。”这也是为什么在上述的行文中，会重复不断地强调“我”的存在和不容忽视，并以一种并不新闻专业主义的语言，避免产生俯视的不平等视角，因为我也在争取与正在阅读的你产生对话和共鸣，哪怕它似乎看上去并不适合刊登在一份行业内的媒体研究杂志上。

但，这起码是属于互联网文本的态度。

（作者系凯迪网络评论主编）

流行语在大众传播中的应用

□廖智晟　张迪

廖智晟

一、流行语进入媒体

词汇，是语言中变化最迅速、对时代发展最为敏感的元素。因此，随着通信技术、互联网技术不断迅猛发展，网络社区、社交媒体、移动端社交等新兴形式日渐出现并融入大众的生活，一些随时代而诞生并传播的流行语也迅速渗入到社会的各个行业领域，其中也包括媒体行业，尤其是各大报纸媒体。

很长时间以来，报纸尽管受到互联网新媒体的冲击，但由于传统的行文习惯、长期积聚形成的公信力等特点，报纸在刊文措辞上依然以严谨、规范为主。如今，流行语传播速度之快、影响范围之广已超乎人们的想象。一个又一个横空出世的流行语已成为社会热点新闻和新观点、新知识的高度点睛之笔，它既带有一种“调侃”的意味，同时也反映着公众对于事件的一种看法。因此，各大报纸的新闻语言适时吸收了不少时代性强、形式多样的新词汇，即便是在公众中给人严肃印象的党报，如人民日报、南方日报等，也纷纷紧追时代潮流，在登报文章中加入流行语的元素。

2010年11月10日，《人民日报》头版头条标题《江苏给力“文化强省”》，这是流行语“给力”首次登上《人民日报》头版头条。而在2012年11月，“屌丝”、“元芳”也相继登上《人民日报》：11月3日，

《人民日报》刊文《激发中国前行的最大力量》中写道：“分配焦虑、环境恐慌，拼爹时代、屌丝心态，极端事件、群体抗议，百姓、社会、市场、政府的关系进入‘敏感期’。”11月5日，《人民日报》刊文《“回应”：互动中筑牢信任的基石》一文，文章开头就写道：“元芳，你怎么看？”

2013年，雅安地震发生后，4月23日《南方日报》刊登评论文章《让网络更多释放正能量》，赞扬新媒体在突发事件中持续发威，“网络里传递的脉脉温情和彰显的理性声音，释放着一股强大的正能量。”这亦是当年度高频流行语“正能量”进入报纸文章的典型例子。

更多的流行语如雨后春笋般点亮各大报纸的版面，越来越多的流行语被报业语言系统所接纳，报纸的语法系统也正进行相应调整和创新。

二、流行语在报纸及新媒体上的运用

各类流行语在媒体上得到广泛运用，主要是通过以下几种方式，来为报纸的文本、文风探索和拓展提供更多的可能。

1. 直接应用流行语

《江苏给力“文化强省”》、《让网络更多释放正能量》等报道，在标题上直接应用当下流行语“给力”和“正能量”。这些灵动鲜活的词汇对报纸语汇具有一定程度的创新性，增加了新闻报道的生动性，满足了读者的“悦读”需求。同时，亦拓展了语言上的自由度，新闻报道既可按常规的传统语言行

人民日报
RENMIN RIBAO
10
江苏给力“文化强省”
中共中央、中央军委向朝方致唁电
吴邦国会见印尼副总统布迪奥诺
温家宝与英国首相卡梅伦会谈
贾庆林与哈萨克斯坦议会下院议长会谈
中国作协第五届鲁迅文学奖在绍兴颁奖
李长春刘云山致信祝贺

文，也可应用清新、轻松的流行语进行点缀。

2. 仿写、套改流行语，形成常用的词组搭配

把现有的流行语进行适当的改动，使其适应报纸新闻媒介的内容以及表达需求等，使读者产生一种似曾相识的感觉，平添形象性。例如《潇湘晨报》2010 年 8 月 2 日刊文《信阿联，得逆转》，其原型句式是流行语“信春哥，得永生”。这里，新闻标题是套用了网络热词的“外形”，而具体内容随描述需求而改变。

此外，不少流行语也通过公众多种多样的化用，形成了固定搭配的词组，灵活运用到新闻报道中。譬如，2009 年，网络上讽刺高校为了提升就业率的虚报行为，令“被就业”一词新鲜出炉，于是，“被 ××”一词被公众多次化用：职工“被全勤”，各类交费“被自愿”，影视明星“被结婚”等等。而原本难登大雅之堂的“裸”字，也在近年的社会生活中引申出了新的含义，如“裸考”、“裸婚”、“裸官”等，其中“裸官”一词更被官方语言系统高度认可，简洁地形容并概括了此类官员的普遍特征。2014 年，《南方日报》等各大报纸媒体均刊载了一系列广东全力整治“裸官”的报道。

类似的“流行语法”还有“×+ 叔、哥、爷”的搭配，形容通过网络、媒体等曝光的具备某种典型特征的人（常用于涉案官员），如“表哥”（佩戴多块名表的受贿官员杨达才）、“房叔”（拥有多套房产的涉案官员，如广州“房叔”蔡彬、合肥“房叔”方广云）、“坟爷”（违规经营公墓敛财的陆丰官员林耀昌）等等。

3. 以流行语定义版面或栏目

流行语除了应用于新闻行文，也可在报纸的其他部分发挥作用。报纸在创办版面或栏目时使用流行语命名，既让读者感到亲切，也更能够引发共鸣和强化说服力。

《南方都市报》的“朋友圈”专版通常在周三 A 叠见报。“朋友圈”是微信内置的私密型社交网络，使用热度居高不下，可以说“朋友圈”正是当下最流行的元素。《南方都市报》以“朋友圈”命名版面，也是对版面内容进行了精确的定位：对时事热点中的某一人物或组织团体进行深度挖掘。着重梳理他们的交友、来往的“圈子”，找寻新闻的第二甚至第三落点，提供更专业、全面的视角和观点。2014 年 8 月 13 日的《震后救心者——灾后心理救援志愿者的汶川朋友圈》以及 9 月 17 日的《一路向右的安倍新内阁》等报道均是立意鲜明、视角新颖的成功策划。

4. 在媒体微博、微信中应用流行语

移动互联网技术迅猛发展，微博、微信两大社交平台正值壮年，其信息流通能力、互动能力之强已远超 BBS、博客等上一代的网络社交平台。因此，各大传统媒体纷纷进驻“两微”，开辟新媒体阵地。

在实际运营微博、微信的过程中，即便人民日报、央视等权威媒体，也舍弃了严肃刻板的语言风格，转用灵活多变的风格呈现内容，时而俏皮、时而卖萌，让不少网友感叹，这些“一本正经”的媒体在微博上竟可如此活泼！

各大媒体主动适应互联网，在“两微”中活用各种流行语，以亲切、轻松的语言拉近与网民的距离，以此构建服务性、实用性、趣味性的内容，从而聚集人气，提高媒体自身品牌的知名度和美誉度。2013 年 10 月 6 日，@南方日报发布一条微博：“待他们长发及腰，再结束假期可好？”配图是徐峥、葛优、孟非等 5 位光头男艺人。当时，“待我长发及腰”一语在网络红火，此微博将“长发及腰体”活用，与光头的鲜明对比产生强烈的趣味，勾起众多网友对国庆长假的留恋之情，在阅读量、转发量上反应热烈。

媒体的微信公众号也另辟蹊径，从新的立足点挖掘流行语的价值。2014 年 4 月，《南方都市报》广州新闻部创办微信公众号，命名为“咩事”。“咩事”，是粤语中“什么事”的意思，是本土语言中长盛不衰的粤式流行语。“咩事”寓意无论广州发生什么值得探究的事情，南都广州都会“话你知”。更接地气的名字，加上视角独到的新闻内容，让南都广州

在新媒体领域迈出坚实的一步。在广州火车站砍人事件中挖掘英勇民众的《滴血的砍刀遇上了俩狠角色》；考虑公众对市府秘书长所知甚少，而整合梳理的《八一八市政府大院的秘书长们》……这些优秀的文章让“咩事”一炮而红。

滴血的砍刀遇上了俩狠角色

2014-06-07 咩事

小贴士 点击“咩事”，关注广州城中身边事

在昨天那场飞来的砍人横祸面前，广州火车站广场上许多人来不及反应，惊恐中只剩下本能的奔逃。一个准备去佛山工作的重庆汉子，和一个年近五旬的老搬运工，站了出来。

卡住凶徒脖子的老搬运工

与广州火车站一墙之隔的是省汽车总站和广州市汽车站，来自甘肃年近五旬的老王，每天在这三个地方间奔走，拉着他的小推车，帮送旅客运送行李，一次10元，有时候5元都干。

但昨天，老王只做了半天的生意，因为他帮助警方把一个拿着刀见人就砍的男子撂倒，随后还配合警方做了半天的调查，直到晚上6点多，才拉着他的拖车从派出所离开。

那时大概是11时30分，再有半个小时左右，一上午并没有几单生意的老王和老友老倪就会去附近的快餐店解决午饭，餐费是10元到15元。可就在两人商量去哪吃饭时，一个小年轻出现在了火车站广场咨询台附近，他的手上还有一把约40厘米长的砍刀。老王和老倪目光所及之处，一名女子已倒在了小年轻的刀下，鲜血横流。

两人当时并未慌乱，老倪说他低头四处寻找“武器”，而老王则起身，打110电话报警。

这时警察已经连开两枪，击中凶徒，但凶徒仍未倒地，手持砍刀不肯退让。

“太嚣张了。”老倪说，老王丢下了这句话，提着拖车便朝着七八米远的砍人男子走去，“我当时正低头四处寻找木棍”。

“老王偷偷走到了凶手的背后，猛然用一只手卡主了凶徒的脖子，并伸脚将凶手绊倒。”老倪说，老王说他开始是准备用拖车砸凶手的，可是走到背后才发现凶徒很矮，大约1米6，很轻松就能卡住凶徒脖子。

事后，老王并不愿面对媒体。老倪说，两人昨晚一起走出火车站广场派出所后，老王“偷偷”的走掉了。**老王对老倪说：“我这么做是应该的，当时觉得凶手太嚣张，光天化日伤害无辜，很让人生气，就是想出手教训一下他们”。**

“我拿着棍子和他对峙，他就没办法去砍别人了”

他是广州火车站广场上最后一个被凶徒砍到的人。

单先生，这位祖籍黑龙江，年前刚落户重庆的42岁汉子，因为朋友在佛山丹灶开了个工厂，请他过来帮忙，单先生这才乘坐K687次列车到达广州。11时许，经过近一天的长途旅行，火车算是准点到站。虽然有些疲惫，但只要再转个汽车就能到佛山，单先生就走出火车站，准备在附近吃个中饭再过去。

后面的事情让单先生有些措手不及。“砍人啦！”一声呼喊，咨询中心附近的旅客全部四散逃开，持刀的凶徒正追着见人就砍。背在身后的行李包救了单先生的命，砍刀只割破了他的头皮。他背着行李跑了段路，可凶徒一直追在身后。

那一瞬间，单先生决定反击——他捡起逃跑旅客扔下的木棍，进行最后也是最成功的对峙。

“凶徒像疯子一样到处砍人，我拿着棍子和他对峙，他就没办法去砍别人了。”原本只是路过广州火车站中转的单先生，就这样保护着身后其他旅客不被追砍。

再往后，民警开枪击中凶徒，托运工在身后将其放倒，单先生用木棍打掉他手上的砍刀……

至此，凶徒被抓获。

事件中，有6名群众（3男3女）受伤，受伤群众与嫌疑人都被及时送院救治，暂无生命危险。警方的说法是，经初步调查，现场行凶嫌疑人确认为1人，其身上无任何身份证件。

三、媒体在探索中使用流行语应注意的问题

1. 流行语需要在合适语境下运用

在新闻内容中使用流行语固然有活跃版面，增加可读性等优势，但过度使用也容易产生其他问题：新闻应以描述事实为主，新闻语言更要讲究语义准确，而不少流行语有其约定俗成的的词义，生搬硬套地使用，会削弱新闻报道的严谨性；其次，流行语的语义多少带有调侃的情绪。滥用这样的流行语，也许会在新闻内容中放大某种负面情绪，或使内容呈现“三俗”，甚至沦为缺乏约束的情绪宣泄。

流行语只是更容易被读者所接受，其语义并不比传统词汇宽泛，同样需要在合适的语境下运用；一部分流行语的晦涩、低俗更是不适合在媒体上使用。只有合理运用流行语，才能既让新闻内容更具鲜活的生命力，同时秉持媒体的公信力和权威性。

2. 在新媒体的探索中，“内容”仍是核心竞争力

媒体微博、微信灵活利用流行语，固然是传统媒体对新媒体阵地进行探索的一种积极手段。最初，微博、微信以流行语作标题、作吐槽等手段，确能带来不俗的眼球效应，吸引网友进行转发评论，增加粉丝量。但随着微博的发展，越来越多的媒体进驻微博、微信，面对有限的热点新

闻，各大媒体官微所生产的内容也渐趋同质化……在个个都在调侃、个个都在卖萌的世界中，滥用到令公众“审美疲劳”的流行语又再能吸引多少眼球呢?

真正能帮助官微脱颖而出，形成自我特色的，仍然是内容本身。传统报业经过几十年的运作，积累了丰厚的无形资产，形成了网络媒介一时难以匹敌的核心竞争力：专业化的内容原创能力。一条由报纸记者采写，微博、微信编辑整理发布的独家新闻，在网络中可被各大媒体官微、自媒体、商业网站等广泛转载，从而形成更大的影响力，吸引更多读者。

而微信公众号的订阅模式、推送次数受限等特性，更是客观促使媒体微信的内容主打“分析”、“解读”、“揭秘”、“整合”等精编化内容，展现媒体自身对社会热点的独特策划和独到视野。“内容为王”在当下并不过时。

总之，体现时代精神的流行语在报纸中的活跃，客观促进了报纸新闻语言上的调整和创新。由此延伸，报纸媒体进入微博、微信等新媒体阵地之际，流行语更是“如鱼得水”，在更宽容的网络语境中得到广泛使用。

不过，无论是传统纸媒，还是新媒体，还是在其他载体，媒体的核心价值始终是围绕内容构建。流行语亦有其积极作用，但应理性选择使用，否则会起到反效果。

（作者单位：南方网）

专题「南方改版」

专题「南方改版」

王　巍　只做精品
——南方周末2014改版方法论

刘江涛　南方日报全新改版：
金　强　报网融合开辟转型新“战场”
王长庚
林旭娜

南方人物周刊改版小组　我们的态度和方法论

只做精品
——南方周末 2014 改版方法论

□王巍

王巍

一、为什么要改版?

报纸会消亡吗？这是《南方周末》在 10 月 9 日《改版致读者》中的第一句话，这也是我们为什么要改版的终极理由。

中国新闻出版研究院的《2013 年新闻出版产业的分析报告》显示，2013 年中国报纸出版的营业收入是 776.7 亿元，较上年同比下降了 8.9%；利润 87.7 亿元，同比下降了 11.7%。从今年上半年的数据来看，这种下滑趋势不仅未得到遏止，反而有加速之势。

事实上，就在南方周末推出此次改版的半个月前，在武汉举行的中国邮政报刊发行高峰论坛上，国家新闻出版广电总局报刊司负责人也在发言中表示，去年中国报纸经营遭遇的巨大困难，已令不少业界人士忧虑，2013 年将是中国报纸的经营拐点！

在如此严峻的形势面前，南方周末虽然基本面尚可，也有一定的比较优势，在报业市场竞争中还处于相对主动的地位，但并不意味着拥有可以超然独立于行业动荡之外的实力，也存在着不少问题。具体来讲，主要体现在以下几个方面：

1. 经营业绩下滑较大

尽管 2013 年南方周末的总收入排在历史第三高，但与 2012 年相比，发行量和广告量均有较为明显的下滑。更重要的是，利润的下滑幅度要远大于收入，净利润的绝对数非常不理想。尽管有这样那样的复杂原因，但这些都无疑说明，在过去的一年里，南方周末的经营成本费用过快增长，经营利润率迅速降低，传统的报纸赢利模式遭遇了巨大挑战。如果不改变增长方式，很难看到复兴的可能，报纸可持续发展的前景堪忧。

2. 产品创新能力不足

作为中国发行量最大之一的市场化报纸，南方周末在历史上曾经推出了许多广受欢迎的版面、栏目，也形成了颇具南周特色的选题、稿件模式。然而，随着时代的变迁，它们中有一部分可能已经不适应新的形势要求，还有一些则逐渐自我固化，甚至形成了某种程度的路径依赖，又限制了内容题材的视野，对报纸进一步创新发展的能力形成了较大制约。

3. 采编人才流失明显

与当前许多纸媒一样，自去年初以来，南方周末采编队伍的人才流失率超过了自身历史的平均水平。而且，这些离开的采编专业人士只有极个别还留在传统纸媒工作，很多人去了新媒体或其他互联网公司，也有的转了行，还有的选择了创业。他们体现出来的整体特征是，对传统纸媒行业的信心不足。

4. 融合发展能力不够

曾经，南方周末在媒体融合发展方面的探索领跑过全球华文媒体。“南周移动阅读器”自 2009 年起连续五年下载量排名全国同行第一，以“南方周末 @SNS”为代表的社会化媒体项目，曾获得过世界报纸与

南方周末
南方周末记者直击战火下的乌克兰
这个冬天怎么过
战场就在城外
一边是炮火，一边是生活

民生
A7
注册管理自动化系统瘫痪近四月
216万商标申请
“暂时性积压”
商标系统休克
须问责

新闻协会（WAN-INFR）主办的亚洲数字媒体大奖“最佳社会化媒体”银奖。但是，随着国内各大互联网巨头公司加入到移动阅读的竞争，再加上“今日头条”等新闻聚合类产品的崛起，南方周末在移动阅读上的先发优势基本丧失殆尽，而且始终都没有形成清晰的商业模式。

作为国内市场化报纸的领跑者之一，南方周末存在的这些问题，也是整个行业困境的缩影，但困境并非绝境，绝境中的每个个体的命运也不会完全相同。我们认为，即使2013年真的是中国报业经营的拐点，这个行业仍然还有一段衰退期要走。而这一段时期，正是南方周末这样尚有相当比较优势的优质报纸实现融合转型的最后时机。2014改版，正是我们谋求转型发展跨出的坚实一步。

二、改版的思路

我们在此次《改版致读者》中写到：“我们坚信，无论时代如何变迁、传播介质如何进化，人类永远需要优质稀缺的信息、博大精深的思想和温暖心灵的情怀。正因如此，尽管面对行业困局，我们依然谨慎乐观：报业会分化，但报纸不会全军覆没。即使大部分报纸终将消亡，也仍会有一部分优秀分子，能穿越沧桑岁月，融合发展为新型媒体。”

这是我们对纸媒未来的基本判断（当然，这里主要是指市场化纸媒），它还暗示了两个核心观点：1.未来只有少数优秀分子不会消亡，这还意味着它们有机会去填补那些消亡的报纸留下的部分空间；2.未来没有传统意义上的报纸，只有融合型的数字新型媒体，而相较纸质载体而言，数字化的空间是无限的。这两点都指向一个结论，如果解决了转型之困，优质传统媒体的产业发展空间会比过去更大。

正是基于这样的判断与认识，我们将南方周末的战略发展目标规划为一个精品化、数字化及相关多元化的融合系统。我们要在未来的3-5年内，推动南方周末蝶变成这样一个由三个圈组成的系统：核心圈是一份精品纸媒；中间圈是一个以内容为纽带的具有媒体属性的数字化系统；外围圈则是一个由资本、多元化产品及其与之相匹配的人力资源共同组成的中国知名文化品牌。

新闻理想是我们核心价值观的重要构成部分，未来的南方周末仍将是一个真正意义上的大众媒体。与各类新兴媒体相比，它在大众传播领域具有独特的专业性与公共性。但同时，它又不再拘泥于任何特定的传统大众媒体形态，而是一个受众覆盖更加广阔、产品形态更加多元的集成。

在“三化”之中，“精品化”的主要对象是报纸本身。正如前文所述，我们认为，能够在未来世界继续生存、发展的市场化报纸只会是极少数的优秀分子，它们应该个个都是独一无二的精品。从这个角度上讲，不是报纸你要不要做精品的问题，而是你只有做成精品才有存活的可能。《南方周末》是一份以承载全深度报道的周报，在精品化上本身就拥有得天独厚的基础与条件，因此，在此次改版中，我们响亮地提出了“只做精品”的口号！

但是，必须要指出，“只做精品”的理念尽管主要针对报纸，覆盖的却是南方周末转型的全部，它与数字化、多元化的理念是相辅相成、融为一体的。

事实上，我们2014年改版的目标，从一开始就不仅仅只局限于报纸本身，相反，我们从一开始就不断提醒自己，要警惕传统报纸思维可能继续占据评判标准的统治地位，从而继续对南方周末的转型造成负面影响。所以，我们设计了一个多元化的改版评价标准，其中包括传统业务经营数据——以之衡量改版之后的报纸影响力；新媒体产品粉丝数据——以之衡量南方周末转型的方向感与初级绩效；采编人员为新媒体产品的发稿比例数据——以之衡量编辑部的数字化水平，等等。这一多元化评价体系也决定了，此次改版将是一次动态的、持续的、系统的过程，不能一蹴而就，不会一锤定音。

三、改版的方法

今年6月底，南方周末召开编委会，研究改版工作并最终形成改版决议。此后，经

V&U 全球领先分龄定制面膜!
南方周末
2014诺贝尔奖:文学·生理学或医学·物理学·化学·经济学
“哪个作家是全球文学精英,绝不是秘密”
还权赋能 拯救生命
死刑复核权上收八年
最高法院如何刀下留人
152份复核书里的 死刑密码

A2 评论
知识分子要敬惜纳税人的钱
吐槽诺贝尔奖
是新闻就死咬到底

南周报系党委会批准，报社迅速成立了“南方周末 2014 年改版工作领导小组”，集团副总编辑、南周报系党委书记、总裁黄灿亲任总统筹，我本人任组长，报系及南方周末总经理毛哲任常务副组长，同时，专门从上海调回南方周末副总编辑朱强担任执行副组长。此后，报社出台了《南方周末 2014 年改版规划大纲》，并据此形成了《南方周末 2014 年改版工作领导小组分工方案》，成立了“版面改革小组”、“市场推广及品牌传播小组”、“数字化与报网融合小组”和“改版流程监控及行政支持小组”等四个执行机构。

今年改版正逢报刊大收订开始，为了让读者能在订阅明年报纸之前看到新产品，我们一直在与时间赛跑。为此，报社还在内部进行过多次动员，确保了各项工作均能按改版规划大纲的时间要求推进。由于整个改版工作涉及面广、繁复庞杂，难以一一展开，下面仅重点介绍版面内容改革和数字化两部分内容：

（一）版面内容改革

报纸版面的改革、创新、分配和统筹是改版的核心工作。南方周末 2014 改版，总体来看，有以下七大亮点：

1．更强头条：将前 3-4 个版构成当期封面叠，集报社之力推出最强大的第一报道叠；

2．更接地气：开创“民生”版，每期保证两个版。同时，在所有新闻版块中，均强调和突出民生类选题；

3.更强比较优势:方舟评论及读者来信前移,时政版块、文化版块加量;

4．更国际化：真正“走出去”，成立国际新闻工作室，大幅提高国际新闻的报道比例，除了保证定期的国际新闻版面外，在策划和专题方面做增量，在封面等重要版面推出更多重磅国际新闻报道；

5．更靓形象：推出更符合国际时尚的版面视觉系统，追求既传统到极致，又现代到极致的视觉效果；

6．更多栏目：推出十个左右新鲜精致的栏目，并做到可持续发展，比如“最后截稿”、“高端访谈（权威对话）”、“你好,先生”、“时政新辞典”等;

7．更鼓励创新：每个月设置两个创新实验版，鼓励版面和版块的推陈出新，并形成版面内部竞争和淘汰机制。

“国际化”是南方周末 2014 年改版的一个重头戏。当前，中国已成为世界经济总量第二大国，中国国民迫切需要培育全球眼光和意识，国际新闻也越来越成为广大民众的阅读必需品。这些都给具有国际知名度与影响力的中国媒体做好国际新闻提供了巨大空间和难得契机。基于这样的认识，我们决定，将做大做强国际新闻作为《南方周末》在新形势下创新报道产品的一个重要突破口。此次改版后，我们将加大国际新闻报道在《南方周末》的占版比例，并力争每个月都有一至两期重大国际新闻报道在封面叠推出。这些国际新闻报道的内容不光会涉及国际政治、外交，也将全面覆盖国际经济、文化、社会等各个领域。在初级阶段，我们先成立国际新闻工作室，一旦条件成熟，还将升格为部。除了在全国范围内招聘国际新闻报道领域的一流采编人员之外，我们还将在国外建立广泛的特约记者队伍，力争在三个月内初步形成覆盖全球的通联网络。将来，无论是战火纷飞的中东、经济动荡的美欧、还是疾病肆虐的非洲，南方周末的记者将出现在任何值得报道的国际新闻现场。我们要追随中国崛起的步伐，迈向世界级媒体。

（二）数字化转型

数字化转型是南方周末坚定不移的战略方向，也是此次改版的战略核心环节。我们先从顶层设计上把南方周末的数字化转型分成三步走：第一步，打通纸媒与网络的通道，将传统内容生产能力整体导入数字平台，释放核心资源能量；第二步，开发、打造南方周末核心资源具备比较优势的一切数字产品和数字增值服务；第三步，向业已成功的世界一流报纸学习，在数字客户端逐步扬弃传统报纸的商业模式，构建南方周末特色的数字付费墙。

然后，遵循以上步骤，我们先从打

Politics
时局
B9
"都透明就好了" 官员读EMBA的是与非

Review
自由谈
C19
习近平对记者不求全责备
外交自有大道
"我看见大象了"
没有妖怪的"西游记"

通采编资源与数字平台的通道开始，对南方周末传统编辑部进行初步数字化改造，将南方周末在内容生产上的巨大能量从报纸平台延伸到网络和移动平台。具体包括：

1．在编辑部建立供稿制度和配套流程，在新媒体界面或端口上推出一款新媒体产品——“知道”，这是南方周末每日推送的网络专稿；

2．立足于南方周末自主研发的、平均收视率名列全国 34 家省级卫视周六黄金档第 6 名的电视真人秀节目《我知道》,继续强势拓展核心产品线，推出手游产品——《南周我知道》。

3.丰富传播手段，配合电视项目，升级数字客户端既有视频频道，重点打造《南周 HD》;

4.刷新页面，在 iPad 系统已有初步成效的基础上，开发一个新的基于 iPhone 系统的苹果报刊商店付费产品，零距离贴近核心用户群；

5．以传播渠道相对成熟、新媒体热情较高的绿色新闻部、文化新闻部作为试点，初步构建南方周末数字化后台矩阵机制。

“知道”是当前中国市场上绝无仅有的一个传统媒体的转型产品，它立足于南方周末报道量小但质高的实际，采取的是与其它媒介打造专业新闻内容门户有着明显差异化的精品操作模式。即人家做多，我们做精。目前，南方周末拥有包括网站注册用户、移动终端和微信、微博用户在内的 1200 万受众。其中微信粉丝数已达到 70 万，图文转化率高达 35%，是国内排名第一的时政类微信公号。我们通过对各类受众数据的监测与分析，从题材、作者、表现形式等多项指标进行控制，然后提炼、生产出那些经过历史证明最受受众欢迎的内容精品，再通过文字、视频、漫画、图片等各种形式推送出来，一天只此一次，而且原则上只在网络上发布，不在报纸上刊登，对比目前网络上自媒体百花盛放的状况，其中价值，不言而喻。待时机成熟后，这个产品还可以实现用户订制、微支付、炫耀式转发等多项增值功能。

由于“知道”内容的选材、制作都是通过编辑部在后台完成的，所以此产品成熟之际，也是南方周末原来的传统纸媒编辑部实现初步数字化之时。因此，这个产品也是带动南方周末融合转型的火车头，其意义不仅仅只在产业经营上。

要强调指出的是，经过与中国邮政的深入沟通和慎重考虑，我们还决定，以此次改版为起点，将《南方周末》的价格从每期 3 元提至 5 元。我们认为，这有助于缓解报社的中短期经营压力，进一步优化长期读者结构。我们有信心将提价后的《南方周末》发行量控制在一个可接受的跌幅范围内，并会将提价后的部分收益通过多种方式直接反哺给付费受众——无论他们在纸前还是网上。事实上，今年大收订里《南方周末》的发行情况，是衡量此次改版成败的最关键数据之一，我们正在密切监测。而从目前全国各地邮局反馈的情况来看，一切都在按计划有条不紊地进行着。

（作者系南方报业传媒集团管委会、编委会委员，南方日报社委，南方周末总编辑）

南方日报全新改版：报网融合开辟转型新“战场”

□刘江涛 金强 王长庚 林旭娜

刘江涛

在新中国成立65周年和南方日报社庆65周年之际，《南方日报》于10月23日社庆日推出新一次改版，继续强化“深耕主业、多元开拓、加快转型、融合发展”的价值取向和发展战略，进一步提升新闻品质；牢固树立以用户为中心的服务思维，进一步推动《南方日报》与南方网的融合发展，以实际行动贯彻落实习近平总书记关于媒体融合发展的重要讲话精神，为省级党报集团转型、融合发展探路。

“融时代”的逻辑

传统媒体与新兴媒体融合的必要性已无须赘言，在“融时代”，融合的理念、逻辑和方法论才是当前转型过程中应该迫切解决的问题。

在过去十余年中，随着传统媒体与新兴媒体不断融合，传播的主体、客体、载体已出现了一系列内在转化：传播者本身也是接受者，消费者同时也是生产者，传播新载体同时也是新闻产品。因此，要融合，首先应该开放思维、开放平台、开放需求，越开放，越有利于融合。《南方日报》的新一次改版，通过探索报网深层化融合，顺应用户的需求变化，打造开放互动平台，重塑传播逻辑，变产品供给为精准和人性化的服务，让受众从“接收”变为“体验”。

融合不是简单的加法，而是有机交互和整合的质变；融合并非仅仅是结果，也包括过程在内。传统媒体与新兴媒体的融合，应通过各种媒介资源、生产要素的有效整合，实现信息内容、技术应用、平台终端、人才队伍的共享融通，形成一体化的组织结构、传播体系和管理体制。这就要求主客体、平台和传播过程都成为新闻生产的一部分，而非将内容生产和新媒体运用变为时间线上的两个断裂层；打破新兴媒体是传统媒体延伸平台和下游传播链的惯性思维。

基于上述理念，《南方日报》从上次改版开始设立全媒体编辑部，并在新一次改版中进一步强化运用全媒体大编辑部的整合模式，进行报网融合的建构。

主打互动式融合平台

随着传播从“大众”向“小众”转化的特点日益明显和不同媒体间融合趋势逐渐增强，传播中的信息流也必然走向全面整合与分化，在报网融合中，表现为全媒体与全时效。

作为读者进入移动虚拟空间的重要窗口，移动应用产品被认为是媒体融合必须攻占的一大堡垒。以微信为例，其成功地实现了虚拟社交圈与现实社交圈的交融，打破了微博弱关系链的传播模式，具有极强的私密性、交互性，这些都是传统媒体亟需补齐的短板。此外，媒体还可以通过微信

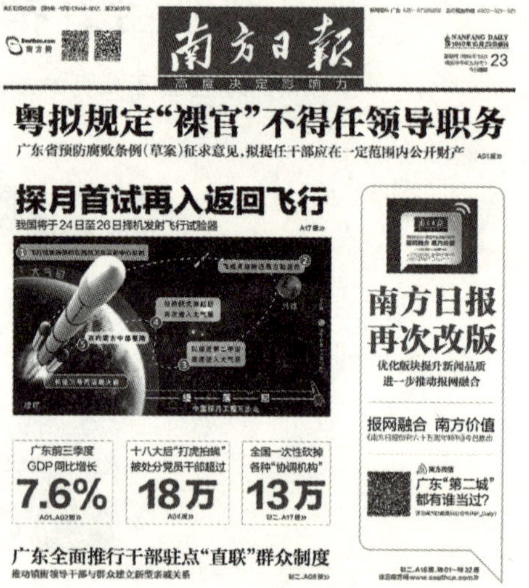
南方日报
高度决定影响力
粤拟规定“裸官”不得任领导职务
广东省预防腐败条例（草案）征求意见，拟提任干部应在一定范围内公开财产
探月首试再入返回飞行
我国将于24日至26日择机发射飞行试验器
南方日报 再次改版
优化版块提升新闻品质 进一步推动报网融合
报网融合 南方价值
广东“第二城”都有谁当过？
广东前三季度GDP同比增长 7.6%
十八大后“打虎拍蝇”被处分党员干部超过 18万
全国一次性砍掉各种“协调机构” 13万
广东全面推行干部驻点“直联”群众制度

评论
封二
我们就在这里，和您一起
——《南方日报》创刊65周年暨再次改版致读者
用法治精神推进改革大业
抛官气 接地气 聚人气
协调机构“瘦身”离不开法治引领
岂能通过否认历史恢复名誉

获取用户的基本信息，从而实现更有针对性的信息推送。

《南方日报》作为省委机关报，本身承载着强烈的政治功能，版面也相对有限，通过微信公号既可以弥补报纸时效性的不足，也可以利用网络空间的无限延展性刊载纸媒无法充分展现的内容，与纸质出版物实现良性互补，人性化服务读者，进一步提升《南方日报》的品牌效应。

经过几年的实践，《南方日报》微信公众号和《南方日报》微博已凝聚众多忠实的读者和粉丝，具备较强的新媒体传播实力和运维经验，前者粉丝数为 15 万，后者粉丝数达 320 万。在新一次改版中，《南方日报》再一次明确提出，要在全媒体大编辑部理念下，着力推进全媒体转型战略，对《南方日报》微信公众号进行改版，深入研发，增设栏目，打造一个拥有丰富栏目的《南方日报》微信公众平台，主要推送时政、深度、财富、文化等领域的原创深度新闻和即时重要新闻，并在其中体现互动、视频等多媒体要素。同时，加大内容的挖掘和整合，通过独家内容，尤其是广东本地的独家新闻，根据不同的新闻终端要求进行采编，适应碎片化的阅读群体的多样化阅读需求，建立起包括网页、Wap、APP 客户端等在内并具有良好品牌知名度的新媒体平台，实现报社的战略转型。

打通报网用户界限

融合是为了适应新形势下“人的需求”。在新一次改版中，《南方日报》封面版增强了报网互动元素，在封面版开辟相对固定的区域作为报网互动栏目，突出体现官网、官微等元素，如制作二维码导引，在版面空间充分的情况下，导读南方网的亮点新闻，实现报纸网络的读者互相影响和引入，方便读者扫码阅读，并形成阅读习惯。

报纸版面上强化与南方网新闻产品的互动。将“报”与“网”切实统一起来考虑，哪些适合在报上做，哪些可以转到网上，哪些可以报网同时进行，哪些网上互动产品可以在报上做恰当的再造，要有明晰的分工。

淡化报网界限，重要报道、评论配发二维码，增加网络点击评价权重。封面版上不仅要有标题导读和图片导读，更要有二维码导读、网站导读，把读者“扫”成用户，把一般新闻“扫”成在线体验。在全媒体编辑部框架下，南方网安排专人和《南方日报》要闻编辑部（报网互动工作室）对接。

强化《南方日报》在线版，将在线从版面升级为平台。在战略层面，不再仅仅把“在线”作为报纸的一个版面来看待，而是打造成一个平台、桥梁、工具，强化用户思维，为读者服务。一方面，将在线版打造成热点新闻入口主页；另一方面，它又成为报网融合的粘合区间。

利用《南方日报》新闻周刊和舆情项目的内容优势，权威发布互动式独家出品的深度内容。

为改善读者阅读体验，报纸纸质版的新闻通过二维码“扫”入南方网接口后，呈现在南方网上的新闻将不再单纯以原文呈现，更多的应该是适合在网络上和移动终端上表现和传播的互动评论、图片、图表、视频、漫画甚至是小游戏等形式，以实现新闻可视化，提升互联网用户体验并与后期产品营销对接。

这一尝试同时有助于报网全媒体采编人才的培养和打造。

特02 报网融合 南方价值
——南方日报创刊六十五周年特刊
光荣梦想
南方报业传媒集团党委书记莫高义强调，坚持改革创新，提升服务水平
抢抓机遇争当融合发展排头兵
南方日报社社长张东明谈媒体转型
全力推动报网融合发展
走媒体融合发展之路

“加价”更“加量”

《南方日报》新一次改版后将提价至 1.5 元。在传统媒体受众流失加剧的年代如何做到“加价”更“加量”，促使读者继续关注和订阅将是一个新课题。“加量”除了体现在新版《南方日报》新闻质量更加具有竞争力以外，更多的还应该体现在作为《南方日报》官网的南方网内容和服务更有吸引力上，为日报订户度身订造一些增值的新闻内容和服务，例如部分收费内容对日报订户免费，实时向日报订户免费推送即时原创新闻，南方网商城产品对日报订户提供折扣优惠，南方网组织的网友活动对日报订户免费或者适当收费开放等等。

特01
南方日報
高度决定影响力
热烈庆祝十八届四中全会胜利召开
报网融合 南方价值
——南方日报创刊六十五周年特刊
导读
光荣梦想
争当融合发展排头兵
走媒体融合发展之路

同时，“加量”还可以理解为登陆官网南方网，可以突破日报版面限制、出版时间限制和表现手法等限制，读到比报纸上

更多更快更生动更深入全面的信息，如新版南方网上的“南方快报”栏目以“快、准、原创”的系列稿件赢得网民的广泛关注，这方便了日报全媒体记者推送更为及时的好新闻；“地方频道”构建以用户需求为导向的综合产品体验，实现 1+1 ＞ 2 的聚合效果，以地方频道为传播中枢和数据中枢，逐步构建起一个涵盖平面媒体、网络媒体、移动媒体、户外媒体等各类介质的全媒体体系，为日报 21 个地级以上市记者站搭建良好平台；“名编名记”推送资深编辑、专栏作者精品文章、记者手记等，可为南方日报人才品牌进行推广，并利用网络平台力促采编骨干与用户多维度、多层次进行互动，提升用户体验，再次打造互联网名牌、品牌优势，等等。

日常报网互动机制更紧密

如何让线上线下互动更紧密、贴切，日常工作和机制建设等方面的配合尤为重要。

一是进一步强化重大政经报道及突发新闻“1+X”联动机制。重大策划和突发新闻是南方网、《南方日报》新闻内容的重要组成部分，做好重大新闻报道，既是重要任务，也是提升媒体影响力的有效途径。在重大新闻报道、重大突发报道中，《南方日报》将以报纸、网络的合力，创造更大的影响力；二是进一步整合网络问政资源。《南方日报》、南方网在网络问政领域均有较强的实力，可以以融合为契机，加快“南方全媒体网络问政平台”的建设。集合南方日报等集团旗下媒体的资源，将网络问政收集到的舆情、言论观点充分运用到新闻产品策划中去，形成民众—媒体—政府之间的有效、活血的沟通反馈机制，打造“中国首家问政云平台”；三是通过报网融合三大采编业务会和南方网选题会，进一步强化网站、官微等新媒体平台的选题把握能力，同时也提高南方日报新闻出版的品质，进一步提升报网协同作战的能力。南方网新闻中心轮值主任参加《南方日报》编前会，确定《南方日报》向南方网供稿选题，了解见报的重要选题，并对日报版面安排提出意见和建议，充分利用南方网这一平台，扩大南方日报优质品牌的展现力度。

我们相信，融媒体时代，随着媒介融合的深化，内容市场会有更广阔的空间出现。

（作者单位：南方日报社）

我们的态度和方法论

□南方人物周刊改版小组

我们的态度

创刊十年，我们的压力从未像今天这样大。这一方面是大环境正处在前所未有的变革期，中国传媒业和杂志界都在面临洗牌。另一方面也源自我们自身创新不足，尤其是和新兴的市场化同行相比，略显疲态。

面对目前发展遇到的困境，我们应该有种重做一本杂志的勇气，在创刊十周年之际，以更新锐的面貌迎接下一个十年。未来或许媒体介质会发生很大变化，但好故事是人们永远需要的。

具体到杂志定位，我们今后要努力做一本有态度的城市杂志，以有种、有料、有趣为宗旨。

所谓态度，更多体现在一本杂志的气质上，我们有自己成熟、稳定、清晰的价值观，现在更要努力提供有格调、有智力的趣味。

在具体产品呈现上，我们鼓励提倡风格化写作，提供的是内容丰富、写作精妙的故事，而不是简单的新闻报道。在杂志的制作上，追求人物周刊特色的优质图片和设计精美的版面。

今后，我们的立足点是一本城市杂志，这并不意味着我们不做新闻，而是认真思考一本城市杂志需要什么样的新闻。或许可以理解为“离新闻远一点，离人物近一点”。

考虑到 2015 年杂志刊期将要调整，我们需要放弃部分同质度高，更适合在网络以及社交媒体短暂传播的事件报道，更聚焦于有价值和关注度的新闻。换句话说，我们做的报道首先要让自己愿意阅读，选题的可读性是今后一段时期采编工作需要解决的大问题。

为了实现这一目标，我们需要增强选题执行力，以更职业的态度和科学的制度安排来实现。包括而不限于：

※ 加强编辑和记者的交流、版块内部之间的协作。

※ 设立选题追踪制度，不错过任何符合杂志报道理念的选题。

※ 建立中长期选题库制度。

※ 强化记者团队非虚构写作能力，强化特稿报道力度。

※ 加强北京作为第二采编中心的地位。

※ 对于外稿，以开放的态度和独到的眼光选取优质内容。

变革是一个长期的过程，现在阶段性目标是提供定位清晰、制作精良的产品。

世易时移，在未来的日子里，我们还会继续改进。一本杂志的自我革命永远都不会停止，但不论在哪个阶段，以何种形式，我们始终都期待并相信，《南方人物周刊》是这个世界变得更美好的一个因素。现在我们要努力把影响因子做得更大。

在韩寒的电影《后会无期》里，乡村教师陈柏霖已经证明就连青蛙都不会甘心在温水里慢慢死去。十年过去了，《南方人物周刊》已经成长为国内领先杂志，我们不用妄自菲薄，但也要更清醒意识到市场环境的变革带来的冲击，是时候做出改变了。

未来十年，让我们玩点不一样的。

让我们再一次定义人物报道的标杆。

我们的方法论

为方便分类，下文将本刊内容分为大资讯（封面故事前）、大内容和大后窗三部分：

1. 大资讯部分

概述：

这一大版块是前菜，要新鲜，开胃，不能沉重，除非与读者的心灵有关（激起你的某种情绪、情怀），

这一版块原来的总栏目名是“观点”，较为陈旧，现改为“世界观”，强调我们的拣选、梳理能力，也就是说强调眼光。

分栏目介绍：

a. 爱问编辑部 + 记者眼

强调互动性，请编辑记者回应读者的提问，或者请我们的报道对象对报道进行回应，或弹或赞都可以，或高冷，或有趣，总之要有自己的特色。记者眼文章尽可能与近期稿件相关，强调互动性。

b. 刊中人

在原有基础上进行调整。增加一本日本重要政经杂志的封面介绍（比如《钻石周刊》，或《周刊文春》等）。选取英美刊封面增加多样性，特别是那些和本刊趣味接近的偏知识分子气的杂志，比如英国的《伦敦书评》、《旁观者》（The Spectator），美国的《纽约书评》、《哈珀斯》、《大西洋月刊》、《纽约客》。

c. 面孔

基本上一个页码就做一个人，以评述笔法强化本周值得关注但又没采访到的人物，不局限于国内与国际。

d. 动向与声音

以短资讯形式介绍本周全球好玩以及值得关注的新闻。

e. 职业

讲述我们不熟悉的行业，和我们自

10 世界观 / 刊中人 MAGAZINES

到切尔诺贝利旅游

从商不一定要上商学院

尼古拉·萨科齐：强势回归

全球华裔首富医生的雄心

12 世界观 / 面孔 FACE

订好了回家的火车票

李娜宣布退役，中国网球的一代传奇谢幕

世界观 / 动向 TRENDS

热词

山寨阅兵

锋菲恋

饥饿式寄宿

你们总算来了

数字

3000 万美元

30 亿元

250 名乘客 vs 2 名政要

80 秒

声音

这是老朋友对我的鼓励，大家决不能认真。

视野

2014搞笑诺贝尔奖出炉

以为熟悉的行业里不为人知的故事。形式上可以是记者采访，也可以受访者自述。重点有二：我们这个时代的新生的职业，如酒店试睡员；以前就存在，但我们都不知道他们的故事，如机场的调度指挥、火葬场的烧炉工。

f. 眼界

为的就是“一图胜千言”。

g. 提问

不走寻常路甚至是天马行空的提问，并与现在娱乐版的十问合并。提问对象不局限在明星，可以是某个知名学者出了本新书，或者是某个国产雷人剧的编剧接受回应。

h. 新知

与知乎合作探讨十万个为什么，请行业高手回应有趣的问题。比如苹果艳照门事件会对当事明星产生什么样的影响，和爱摄影的陈老师事件有什么区别。

i. 数据新闻

以可视化的形式解读热点或者枯燥新闻，比如国防部公布中国军力白皮书，就可以将中国军力分布以地图展现、柱状图等形式展示。未来还可以进行进一步数据挖掘。

f. 城记

一篇或两篇。像 MONOCLE（杂志和电台均是如此）营造一种全世界的在场感，成为本刊洋气的重要来源。向旅居全世界的中文写作者约稿。写作方式杜绝老式的评论写法，价值观上也尽量远离“他山之石可以攻玉”，用现代的语言和当地人的目光，写城中热议之事。总之重点有三——及时、当地人的视野、聚焦于具体事件。

总结：

子栏目集群——爱问编辑部、记者眼、刊中人、面孔、动向、职业、提问、新知、数据新闻、城记、眼界。

2. 大后窗部分（生活类资讯，包括专栏）

栏目篇：

a. 在路上

与地理版的人文地理区分开来，侧重旅游地理，偏服务性的。

b. 书摘

主要偏向人文社科类、科普类的书，每期选一本书进行摘录以及精华选读。

c. 有戏

把原来的“现场”改成“有戏”，做戏剧，可以让有兴趣的作者承包。原来的现场版中，其他的演出展览之类的，有合适的可以继续做，依然叫“现场”。

d. 时代症候

简单说就是城市病。现代人在城市生活，会遇到的各种麻烦，焦虑、抑郁、紧张、不安、困惑，心理问题，心灵问题，信仰问题等等，关注白领、中产等城市人。请知名心理咨询师进行讲解，内容贴近当下，类似准专栏模式。

e. 旁观娱乐

以严肃的态度关注娱乐界的动态。

f. 个人史

开放专栏，讲自己的成长故事，和民间口述的个人史。聚焦于大时代下的某个小故事，不用面面俱到，不用讲一

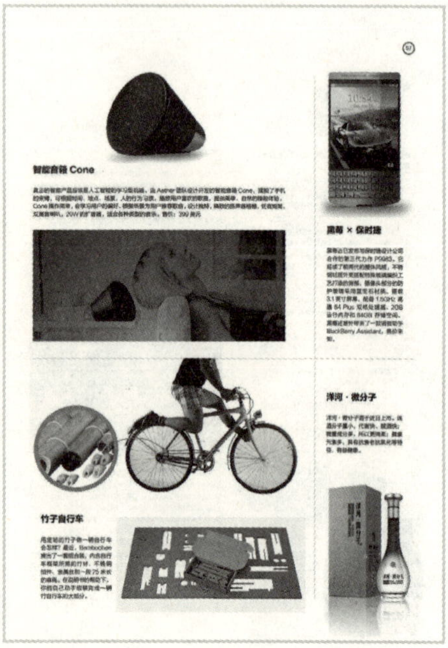

辈子，就一个故事或者一段时间内的经历，比如一个红卫兵走遍中国的串联史。

g. 酷品

介绍全世界新出的好东西。

h. 异人

还有人可以这样活。

i. 电影

当期热点电影评论。

j. 电视

当期热点电视剧或者电视栏目评论。

k. 健康

这是一个严肃讨论健康的栏目，而不是养生。

l. 专栏

新增名家专栏。

m. 开讲

精选北上广重要的讲座。

n. 逝者

争取向纽约时报的讣闻版靠近，一半去世名人一半普通人，还有一些新闻事件当事人，比如广州 301 公车爆炸案的遇难者。

总结：

子栏目集群：酷品、异人、电影、电视、旁观娱乐、梦中情人、在路上、书摘、健康、开讲、时代症候、个人史、专栏、逝者。

3. 大内容版块

a. 报道

聚焦当下热点事件和人物。不固定子栏目名。理想中的形态，是能够切合社会心理和时代精神，打破既有新闻、商业、公共的界限，每篇文章根据内容设计栏目名（最主要的目的是解决栏目固定后的结构性缺稿，反为栏目名所累。另外，栏目名能够在很大程度赋予文章意义和必读感，每期栏目名翻新也显出丰富性），短长报道有节奏地排列下来，彼此之间有内在联系，给读者一席“流动的周宴”。

b. 非虚构

本刊未来主要发力点和特色栏目。包括：

特稿：关注的题材依然是世道与人心。可以是动态的新闻类特稿，也可以是观察类的特稿。

对话：对重要当事人问对的问题。

地理：精彩的人文地理，或者是像麦克菲写的《控制自然》，有科学、有人文、有环境的地理。

24 楼客厅：约请名家和靠谱作者的外稿。

有态度：评论性的文章，新闻评论、商业评论、文化评论包括影评书评。

c. 历史

主要关注近现代史的人物和事件。

d. 虚构

好的小说、诗歌、随笔。新闻杂志刊登小说，不是没有先例。国外的杂志，最著名的应该是《纽约客》。在国内，也有一些新闻类杂志刊登小说。虚构版的宗旨是“谎言中的真实”。这是作家巴尔加斯·略萨一篇文章的标题。他曾经说过：“确实，小说是在撒谎（它只能如此）；但这仅仅是事情的一个侧面。另一个侧面是，小说在撒谎的同时却道出某种引人注目的真情，而这种真情又只能遮遮掩掩、装出并非如此的样子说出来……”

e. 增设专刊期数

力争举全社采编之力在某一个领域做到极致。

记者讲述

记者讲述

郭现中　无罪归来 无法回归

张　瑞　面貌各异的“阿姐”

孙旭阳　“权利匮乏者”的爱与愁

无罪归来 无法回归

□郭现中

郭现中

因念斌案的持续发酵，8 月 27 日《南方都市报·深周刊》的《无罪归来》一经推出，就在全国引起巨大关注和强烈反响，9 个血泪斑斑的案例，11 个版的篇幅，20 年的跨度，即使称不上力透纸背，也完全应该能够一吐心中块垒，但是我发现，我还是有很多话想说。

穿越时间的翻找

2013 年 7 月，最酷热难耐的季节，我开始了这趟长达数月的苦旅。因那时李怀亮的无罪释放，我的第一站就选在了河南。刚刚走出看守所的李怀亮木讷、呆滞，每天的大部分时间都用来睡觉，回答各路记者的提问时也结结巴巴，不带任何感情色彩，那些强加在他身上的噩梦一样的经历，在他嘴里说出来时就像是他蹲在街角发呆无意间听来的别人的故事。用他姐姐李爱梅的话说，“吃亏沾光都在一个傻字。他不傻也进不了监狱，但是他精明的话也熬不过这 12 年。”

准确地说，李怀亮进的并不是监狱，而是看守所，是被业内人士称为“仓库”。用于关押待审犯罪嫌疑人的地方。这个本来具有“驿站”属性的地方却让他如泥沙入池，一下子就沉淀了 4000 多天。我以为这应该是羁押在看守所的最高年限了，结果一查找，还有个更骇人的，河北邯郸刘俊海冤案，15 年！

那是一起发生在遥远的 1988 年致四人死亡的纵火杀人命案，当时 19 岁的刘俊海和其堂叔刘印堂莫名其妙地被带入邯郸市临漳县刑警队。两人在刑讯逼供下被认定为凶手，一直到 2003 年才被邯郸市中级人民法院宣布无罪释放。

然而从释放到我要采访时已经整整过去了十年，刘俊海的电话也更换了多次，不但是我，连他的律师和采访过他的记者也都找不到他了。好在邯郸离李怀亮的家乡平顶山并不遥远，结束对李的采访之后我就直接去了事发地临漳县官村，也就是刘俊海的老家。只能用最笨的办法去碰碰运气了。

挨家挨户的打听之后，终于找到了刘俊海的一个亲戚，继而拿到了他的手机号码。得知记者来意之后，已经在北京工地打工多年，并且已经娶妻生子的刘俊海并不愿意接受采访和拍摄。这个只拿到 30 多万国家赔偿，甚至连离开看守所时都还被要求缴纳 5000 多元生活费的已知中国最长羁押年限的当事人已经完全被吓怕了。“当然觉得冤屈。但是能怎么样呢，还是让我安静地过下半生的日子吧”。

在这之后，我又返回河南，试图去寻找另一起冤案的当事人——被怀疑奸杀侄女而蒙冤 8 年的张绍友。这个靠自己侄子而不是公安的多年坚持调查找到真凶才得以死里

逃生的老实农民，也是从一出狱就消失于人海，辗转于郑州和太原的建筑工地，即使过年也从不回来。我辗转着来到了张绍友位于周口沈丘县那湮没于凄凄荒草中的家，却没有人知道他的下落，哪怕是他的亲弟弟，采访时正蹲靠在大门边埋头于一碗面条中间吸溜吸溜地吃着，“去年我儿子结婚也找不到他”。

无法归来的囚徒

在那之后，因聂树斌冤杀案而闻名全国的王书金案在拖延8年之后，终于在邯郸二审开庭。我于是转而北上，虽然没被如临大敌的邯郸中院允许进入旁听，但还是见到了聂树斌的妈妈，那时已经69岁的张焕枝。“我现在年龄大了，出一次门很多天都缓过不来”，躺在位于石家庄近郊家里的张焕枝刚刚旁听王书金案回来，事情过去几天了依然余怒未消，“从来没见过这样的法庭，杀人犯说那人是自己杀的，而法庭却拼命要证明他没杀”。

1994年，张焕枝唯一的儿子聂树斌因被怀疑强奸杀人而入狱，从抓捕到被判死刑继而被枪毙仅仅历时六个多月。“他们竟然都不通知家属一声，就这样把我们的孩子给杀了”，一想到此，张焕枝顿足捶胸，“我活

WEEKLY 法治

念斌式“疑罪从无”可复制吗？

关键是要“彻底的法院独立审判”；代表了司法理念“从重打击、轻保护向重视程序正义、重视保护人权的方向发展”

无罪判决之后

两个破碎家庭，伤痕依旧无解

生生的孩子给我抓走，回来的却只是一把骨灰”。就是这把骨灰也是张焕枝用了将近两年跑了几个部门才要回来的，“他们很惊讶我竟然还要骨灰。我说那是我身上掉下来的肉，你们认为他是杀人犯，但我不认为是。死了我也要要回他的骨灰。”丈夫承受不住如此大的打击，转年就偷偷服下安眠药自杀，虽然经抢救保住性命，却半身不遂，落下了终身残疾。自此后，张焕枝这个一辈子老实本分，目不识丁的农妇便只能一个人踏上申诉上访的不归路。可是一连几年，因为连份判决书都没有，“门都不让我进”，张焕枝茫然无措。

整整十年过后，一名叫王书金的男子在河南被捕后称自己才是当年奸杀案的真凶，聂树斌案于是又重回人们的视线。从 2005 年到 2013 年，8 年时间两次开庭王书金都坚称自己是真凶，甚至在被河北省高院判处死刑并认定他不是聂树斌案的真凶后依然表示："我干的就是我干的，你不能让别人背黑锅，这不公平。"

听到王书金的话，张焕枝对这个曾经恨得咬牙切齿的“元凶”竟然有了一丝感激："他也算是敢作敢当。毕竟，只要他一改口，我儿子就永无清白之日了。”但这又能怎么样呢，河北省高院的判决书就如同聂树斌墓碑上的字，冰冷生硬地刻在那里，除了时间没人能改变。

但没人能阻止一个母亲的坚持。“他要活到现在，39 岁了，我孙子都

VISION WEEKLY 深视觉 目击

该上初中了”，可这只能是幻想，残酷的现实是，就算要换个灯泡她都要到街坊那里找在家的小年轻爬上梯子替他们换。“看到他们就会想起自己的孩子，也经常会梦见他，还是穿着我买给他的那件衣服，只是不笑，一脸委屈的样子。就为这，我也会一直跑到跑不动的那天为止，就算入了土我也会跟孩子说，娘尽力了”。

张焕枝一直陪我走出村口，我问聂树斌的墓在哪里，她抬手指了指半山腰处的一片树林，“我越来越老了，去年扫墓我都没能爬上去了”。

落入俗套的追问

去年 3 月，最高人民法院院长周强履新后不断释放“宁可错放，不可错判”的信号，一时间各地冤案频现，张高平叔侄强奸案、李怀亮案、吴昌龙案、萧山五青年劫杀案等一批陈年积案相继昭雪，让人们一度觉得中国法制的春天到来了。但细究起来却发现，除李怀亮案，吴昌龙案可能与此大背景有关外，其余案件与过去著名的佘祥林案、赵作海案、王俊超案一样，都来自于中彩票般的极小概率事件，而非是来自制度本身的预防与纠错机制。

冤狱的名单还可以列举下去，透过记者采访这些案例的共性，我们试

VISION WEEKLY 深视觉 目击

图去总结冤案产生的原因，发现其背后的司法弊端无外乎命案必破的压力、刑讯逼供、嫌疑人权利被剥夺、忽视程序正义、公检法失去制衡功能等，与十几二十年前的冤案相比毫无二致，依旧在循环往复，毫无值得言说的新意，放在进入 21 世纪已经 14 年的今天来看分外刺眼。

1996 年《刑事讼诉法》修改后，设计了公、检、法分别负责侦查、起诉、审判的互相制约的三角体系。一个人的出刑入罪，通常要经手侦、控、审三机关，并经过立案、侦查、批捕、移送起诉、审查起诉、法庭审判等繁复的程序。“从制度的设计来看已经足够完备，如果能遵照执行，完全可以避免大部分的冤案出现”，著名律师斯伟江说。但现实是，在已经曝光的王立军案件中，一个公安局长甚至可以直接决定判决结果。即使发现有疑问甚至明知错了，检察院和法院也只能为公安局背书。

在这种情况下，刑讯逼供就是成为寄生于肌体之上的无法消除的毒瘤。唐代酷吏来俊臣让囚犯“战栗流汗，望风自诬”，而到了现在吴昌龙说“只要听到走廊里有很多脚步声”就会“怕得浑身发抖”，千年不变。每一个冤案背后都有让人头皮发麻的关于刑讯逼供的控诉，所有冤案加在一起，确凿无疑地证明了酷刑的存在，以及酷刑在约束废弛之后的放纵与恶果。而每一起冤案又是一面镜子，它照出了个体人性的恶，也照出了体制的弊病是如何的亟待解决但又积重难返。

弟弟无罪释放后，念建兰曾深有感触地说：“制造一起冤案只要一个

VISION WEEKLY 深视觉

正义终会抵达

派出所，而纠正一起冤案却要动用全国之力。”据报道，全国羁押 5 年以上的案件尚有 2000 多起，像李怀亮这样被疑罪从无而释放的毕竟还是少数，如果不是她姐姐 12 年锲而不舍的上访申诉，这等幸运能不能降临到他头上都很难说。

历时一年，我采访拍摄了 11 个案例，不仅仅是想记录下他们让人潸然泪下或惊心动魄的故事，让他们的影像定格在底片上，好不至于那么快被时间所湮没；更是想让这些良善如你我的人们以当年身陷囹圄时的姿态出现在公众面前。他们现在的坦荡和平静，只是因为曾经加之于他们身上的痛楚和耻辱都已被日渐苍老的肉身生生吸附。

念斌在出狱后的感谢信中引用了《圣经》里的一句话：含泪播种的，必含笑收割。正义虽然有时会迟到，但是总会到来。他们就是例证，我们就是见证。

我们应当记住并感谢他们。

（作者系南方都市报记者）

面貌各异的“阿姐”

□张瑞

张瑞

一

在吴华英家的采访，我不得不同时与三个人拉锯，其中两个投来的“敌意”像擦耳而过的标枪，腾挪之间，让人觉得尴尬。

一个反对者是吴昌龙，他是吴华英的弟弟，“福清纪委爆炸案”的当事人，12年冤狱的受害者。他坐在我的左侧，和他的姐姐相对而坐。长期的羁押，让他患上了一种奇怪的病症，不停出汗。原先，是一双手，无论何时都像是被泡在水中。如今，出汗的部位转移到腰间，他将衬衫拉上胸际，汗流就濡湿了裤腰。

由于大量出汗，说不上几句，他就要咕噜噜灌下白开水，“我不想让姐再回忆以前了，那对她太痛苦。”

另一个反对者是卓友桂，一个访民，身量矮小而结实，浑身透着硬汉的力量。吴华英形容他是“同生共死的伙伴”，一起去北京上访，一起被押回来。

第一次见面，卓友桂就像我展示了手上的刀疤，那是他上访回来后，被黑社会追砍的。

“不要再说以前的事了，有什么意义呢？”他打断了吴华英的讲述。

“他是担心我的安全，怕被人报复。”吴华英解释道。

"这里6万块就能买一条命，你信不信？"卓友桂转过头，瞪着我。

这是来福清之前没有预料到的，我本以为，作为一个已经于一年前"平反"的冤案，现在正是皆大欢喜的时候，应该神情放松，而不是如此紧张。

更没想到的还有吴华英的状态。当她在电话中同意采访时，我以为她会有话想说，但后来才发现，那只是出于礼貌，前12年如此高调地拯救她的弟弟，与媒体处好关系，成了一种惯性。

"好多事想不起来了，谈不上什么。"即使被弟弟和朋友同时阻止，她依然礼貌地回答着我的提问。但她的话语很缓慢，笑容也很缓慢，我于是知道她的内心，其实和她的弟弟与卓友桂一样，并不想再说什么。

一种意兴阑珊的情绪笼罩着她，而焦躁则属于这屋里剩下的两个人。在当时，我不能理解其中的原因，只是分辨出，与她的疲惫交织的，还有无法摆脱的不安全感。

就像我无论如何摆脱不了卓友桂，是因为他成了事实上的保镖。

后来，在福州，游精佑点醒了我，他自称是吴华英的智囊，给她设计了属于她的抗争道路——成为访民的领袖，增加与政府博弈的筹码。

"我让她去当草根英雄。"

A4 2014.9.18 E-mail:nfzmzb@163.com 特稿

拯救"死囚"弟弟 阿姐

□南方周末记者 张瑞
发自福州、北京

▼同一座城市，两起冤案，两个姐姐走上茫茫申冤路，她们在人海中相识相知，彼此扶持，共同"战斗"。12年，8年，仿佛过了半生。姐姐累了，老了。

▼一个坚持抗争，哪怕牢狱之灾降临也奋不顾身；一个与律师密切配合，取证再取证，相信谎言终会被戳穿。不同方式、同样不放弃，终于守得云开日出。

我有些明白了，就像无数的英雄故事，一个人成了盖世英雄，在漫长的时光里，保护了族人和朋伴，而代价是，只有同归于尽才能幸存。于是，越是到故事的结尾，英雄就越脆弱，需要人来保护。

二

“吴华英这人自私得很。”

这么说的是范燕琼。她曾和吴华英、游精佑，并称“三网民”，因为替访民林秀英录制喊冤视频，吴华英和游精佑各入刑一年，范燕琼入刑两年。

联系范燕琼，是因为发现她和吴华英在“三网民案”之前就相熟，希望能通过她，了解过去的吴华英，没想到，会得到这样的似乎带着怨恨的评价。

而范燕琼举出的理由，则有些让人不知如何是好。

“那时她主动来找我，让我帮她。我们十几个人一起去省政府上访，吴华英一次也没有给我买过公交车票。”

范燕琼说她并不在乎那一块钱的车钱，但其他的访民，那些衣衫褴褛者，都会争先恐后地帮她买。

“吴华英的牛仔裤都是几百块的，她骗我们只要几十块钱，但我看得出来。”

后来，范燕琼给出了更严重的指控，她说吴华英只是利用其他访民，“她只想救自己的弟弟。”

特稿

拯救“死囚”弟弟 阿姐

律师特别助理

尊严

明天

在吴昌龙救出来后，访民们再找她帮忙，她就不管了。

范燕琼也是“草根英雄”，她的别号是“赤脚律师”。她也曾是一个访民，后来开始帮其他访民维权。

她比吴华英成名更早，当吴华英还在等待“青天”，她就曾因组建受害者协会，轰动了福建的访民圈。在吴华英早年的文章里，也将范燕琼尊称为福建访民领袖。

“现在，吴华英的影响力，绝对比范燕琼大。”游精佑绘声绘色地向我描述，曾有同道中人前去拜访范燕琼，看到了奇怪的场景，她端坐在一张类似太师椅的椅子上，访民们簇拥在周围，山呼海啸，恳求着帮助。

很难说这样的描述真假几何，因言获罪的入狱经历，将这三位“草根英雄”（游精佑当然也是）的声望都推上了顶峰，而后，则是裂痕。

范燕琼说，出狱后，“三网民”甚至没有一张合照，“他们不来见我”。而游精佑说，范燕琼怀疑他私吞了1500块捐款，还将之写进了在香港出版的书的开头。

“访民中也有江湖吧。”我问游精佑。

“那当然。”他笑着说。

采访中，我常想到吴华英和范燕琼的区别，为何一个显得如此疲惫，一个依然兴致勃勃；一个将成功大半归为运气，一个却敢于宣称，“只要我介入的案子，几乎百分之百都能成功。”

我想，即使同是“草根英雄”，大概也有主动和被动的类型。吴华英只想救自己的弟弟，当被动卷进访民江湖，她借势而为，这更像是一种生存策略。在年复一年的苦斗中，她失望又失望，坚持又坚持，属于被“捶打”而成的英雄，这个过程很难谈得上有什么快乐可言。而范燕琼则不同，作为底层精英，她主动出击，四处为战，为他人鼓与呼，扮演了领袖的角色，我私心揣测，其中也会有快乐的成分。她更有表演欲，面对采访，可以滔滔不绝，讲述自己经历的，类似天启一样的戏剧化场景。

若是苛责，都有可以苛责的地方吧，但老话说，“时势造英雄”，“英雄”间的龃龉，大概也是时势而已。

三

也有远离江湖和不愿做英雄的。这样的情况又分两种。

我在福州见到了陈科云。他是“福清纪委爆炸案”的另一当事人，吴昌龙是他的司机，他曾被视为爆炸案的主谋，同样历经了12年的牢狱之灾。

他的家人曾和吴华英一起拦省委书记的专车，一起去北京上访。

“去了一次，再也不去了，根本没用。”这么说的是陈科云的哥哥。当弟弟被捕后，他走上了伸冤的路，和吴华英同行了好几年，最后分道

扬镳。

在事发前，陈科云曾位列福清市人大常委会办公室主任，在伸冤的路上，他和家人更愿意相信体制内的拯救。

事实上，唯一一次去北京，也是因为那里有陈科云的战友，他们想“走走关系”。

后来，陈科云的家人几乎每个月都要去各个相关部门送材料，但他们不与法院、政府门口那些逡巡的访民凑在一起，不参与街头抗议和街头举牌。

“我们一家还是知识分子，不习惯那么做。”陈科云的妻子说。

最津津乐道的一次努力，是将有关案情的材料，辗转托付给了一位全国人大代表，让后者在开会时发给其他人。

念建兰也曾想过这么做，但她没有关系，在北京转了一圈，连一个人大代表的门都没摸到。

她也不爱和访民们凑在一起。每周，福州的访民都有聚会，游精佑让念建兰也去参加，她去了几次，还是不习惯。

“我告诉她，访民们对她有意见。”游精佑说，访民们喜欢跟着比自己更有名的人一起活动，这样能增加他们被关注的机会，但念建兰很少提供这种机会。

事发前，陈科云和念建兰的家庭，都属于社会的中上层。陈是中层官僚，又是一家国企的总经理，

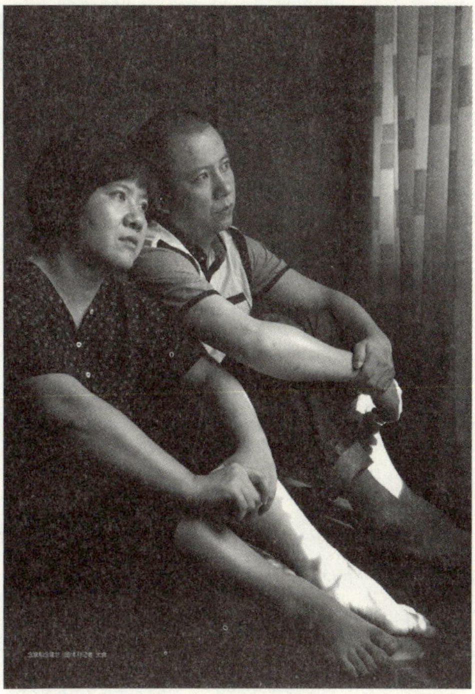

念建兰的父亲曾在乡间开办工厂，家境殷实，她自己是福州大学的大学生。而吴华英则有着在山上砍柴的童年，范燕琼也曾混迹于乡镇剧团一类的三教九流，他们所属的阶层迥然不同。当命运的重锤锤下时，有意或者无意，阶层的烙印让他们选择了截然不同的抗争方式。

用社会阶层的差异来分析他们的区别，可能有些武断，但我想，陈家和念建兰都试图摆脱“草根英雄”式的抗争中所有的“戾气”，这戾气让他们不安。

“吴华英后来有些偏激。”陈科云的妻子说。

“这样会制造新的仇恨。”念建兰也有她的理由。

他们同样找到了自己的“英雄”，念建兰的“英雄”是法律和科学，她用证据“硬碰硬”，战胜了强权，虽然游精佑说这样的方式耗费资源，奢侈且不可复制。而陈科云，2013 年无罪释放那天，走出庭外，他曾经激动地连声大喊，“共产党万岁。”

四

后来，念建兰还是被迫做了一次英雄，虽然是“逃跑的英雄”。

2014 年 8 月，念斌被宣布无罪释放那天，整个福州市都紧张了起来。由于担心受害者的家属闹事，政府专门成立了指挥部。念建兰说，连接她的老家，海岛平潭与福州市的大桥被临时看管起来，身份证上显示和她属于同一个镇的人，那天都不准过桥。念斌说，那天早上，将他带入法庭前，特警甚至先让警犬进去转了一圈，也不知想发现什么。

回想的时候，念建兰觉得真是好笑，法官刚刚宣布所有人站起来，正要宣布结果，一群人就急着把她带出了法庭，以免另一方的家属会在一秒钟后扑上来，将她撕个粉碎。她头一次成了政府重点保护的对象，这害得她其实什么都没听到。

在脑中想象这一画面，我想荒诞的是，念建兰像英雄一样被簇拥着，用逃跑迎接了胜利。

吴昌龙被释放后，吴华英继续为弟弟争取善后，一方面申请国家刑事赔偿，另一方面，吴昌龙也希望政府帮他安排一个福利性工作。

“之前的抗争就像登山，终于登上山顶了，现在我要下山。”那一天，有一会儿，吴昌龙和卓友桂都离开了，吴华英说了自己的想法。

她拒绝了游精佑再次上街拉横幅的提议，开始走正常的申请程序，今年 5 月，第一次向当地公安局提交申请，两个月后没有回复，再次提交申请，9月29日，又两个月过去了，还是没有回复。

这个曾经的草根英雄，只好在微信上求助他人，“此事依法要怎么办？”

（作者系南方周末记者）

“权利匮乏者”的爱与愁

□孙旭阳

孙旭阳

一

今年6月底，我听说农妇张海新自组山寨“政府”案一审即将宣判，就赶到河南邓州。张海新的“市政府”，设在距离市政府不到1公里的一条小巷内。她住的是临路的一楼，居室是门面房格式的。脏乱的屋子里，还放着一块红色的干果店招牌。张海新一直忙告状，这张招牌就一直闲置着。

张海新的女儿吴楠领着我进屋，她指着一堆法律法规说，她曾与母亲打赌，要是2013年还没告赢状，她就会撕掉这些书。这个18岁的小姑娘今年高中毕业，因为出生后没有交计生罚款，派出所一直没给她上户籍，她没有资格参加高考，以辍学的形式毕的业。

2013年11月29日，张海新就被警方抓走了。这个时候，她还没有告赢状。在她的卧室里，放着一台21寸的杂牌纯平电视机，屏幕上大片的裂纹，是小儿子几年前的杰作。自打那时起，每逢新闻联播开始，张海新会到邻居家——经常还端着碗——蹭看一会儿国家大事，

除了法律书籍和新闻联播，出生于1968年的张海新也竭力学习上网。根据她的供述，她自组“市政府”的权威来自网络。她把申请材料发给网上一个自称是某报记者的人张某，张某从来没给过她回复，她却把单方面

的传达视作“备案”，她给村民们成立的经济合作组织备了案，给自己的“市政府”备了案，也给那一二十枚公章备了案。

她告诉维权伙伴们，她备案的那家报社叫“联合国早报”。可能因为此，人们传言她不但在中央有人，还能跟联合国秘书长潘基文联系上。对这些神乎其神的说法，目前没有证据显示张海新曾辟过谣。

案卷中，没有警方对张某身份的调查。我也曾试着依据碎片信息，去寻找这个给张海新带来无尽希望的人，但至今无果。可以肯定的是，张海新在中央没人，跟潘基文也没有渠道联系。不过，这并不妨碍张海新成为数百户农民的维权救星。他们中的一部分，至今还相信关于她的传说。也只有传说，才能给他们的维权带来希望。

张海新的辩护律师，曾逐一统计她曾求助过的政府部门，从乡政府土地办一直到国家多个部委，试图向法庭证明，张海新所做的一切，都是在穷尽合法手段之后的无奈之举。但在庭审中，每次张海新一开始讲她上访维权的无奈，就会被法官阻止，理由是这些与本案无关。

换句话说，你再无奈，维权方式也要合法。至于合法维权是否有效，没人回答。

这个逻辑死胡同，让吴楠感到不可思议。自从母亲被抓后，她一直在教科书上的中国和现实中国之间尽力寻找平衡。这是徒劳的。

二

我将张海新这样的人称作“权利匮乏者”。中国农村有无数这样的人，虽然有公民的责任，却缺乏法律法规明文赋予的权利。这并不一定让他们生而贫困，却一定被权力漠视、侵害和敲诈而没有可行的自救之路。张海新和冀中星这样的案例比较极端，更多的人选择了服从忍耐。

这个概念，萌生于 2011 年初。当时，中国网络上正掀起一场“随手拍解救被拐儿童”的活动。在海南三亚，有 7 名河南周口儿童集体乞讨被媒体曝光。在当地官方赶往海南接人的同时，大批记者赶往周口太康县采访这些儿童家庭。

一条出租幼童进行乞讨的利益链自此浮出水面。这些从学龄前到十几岁不等的孩子，被父母以每月一两千元的价格，出租给附近的丐头，再由后者训练学习杂技，然后坐上大篷车，到全国各地乞讨。这些孩子的生活非常糟糕，经常忍饥挨饿，要的钱少了，或者丐头心情不好，他们就会挨打，有人被打残，有人被打死，还有人失踪。还有一个女童曾经被罚吃屎。

我的编辑同事是一位母亲，她要求我尽量找到这些家庭将儿女出租给丐头的原因。是贫困，是愚昧，还是冷漠，或者别的什么原因，让他们把

自己的后代置于如此非人的境地？我想了好久，贫困、愚昧和冷漠确实都是原因。但根子里，却是权利的长期匮乏，让他们几乎丧失为人应有的幸福感，生存沦为了挣扎，连未成年儿女都被他们视作挣钱的工具，就像家里养的大牲口一样。

这种状态，城市里中等阶层以上的人群会非常难以理解。也不知道是幸运还是不幸，我倒很熟悉这个。同行比如新民周刊的杨江同学，对出租孩子的家长特别愤怒，多次厉声指责。我当然不会觉得杨江不该愤怒，但我却愤怒不起来。对一群只存有最低生存冲动的人来说，过多的道德指斥并无用处。

中国曾有长期的溺婴传统，我从小认识的长辈中，有亲为者，更有幸存者。稍具文明意识的人，都不会否认溺婴的残忍和野蛮。不过，当你一旦倾听了各种溺婴故事之后，最可能的并不是道德义愤的迸发，而是认知的失调。像吴楠一样，你会迫切需要平衡身心内外的世界。

在一年多前的冀中星事件中，我曾写过几篇记者手记，就指出了公众的这种认知失调。只要神志正常，我们都需要构筑对世界的概念，为它建模，最好是一座城堡，来拱卫我们的价值观和安全感。一旦这座城堡被我们无法接受，或者不愿意接受的东西闯入之后，对现实的剪裁、扭曲和灭失便成为必然。如果说人类思维真有所谓“慧根”，那么它应该指的就是更好的处理认知失调的办法。

张海新及其维权伙伴、冀中星，以及更早的周口出租儿女的家长，共性都是“权利匮乏”，而且还是极度匮乏。当他们以符合逻辑，却又毫无美感的姿态闯入公共领域后，言者争论其美感，似乎不如辨析其逻辑。

三

张海新一审被判处两年有期徒刑。在提起上诉后，河南省南阳市中级法院没有开庭审理，就维持了原判。辩护律师质疑，张海新案根本不符合不开庭审理的要件。然而，南阳市中级法院就是这么判了。

每一份判决书上，都盖着代表国家权力的公章。这些公章代表国家强制力，具体说，就是以国家暴力为后盾保证文书上白纸黑字得以执行。张海新也曾渴求这种强制力能遂她的愿，执行到她的村庄，保住村民们的土地。显然，她失败了。国家强制力以另外一种面目出现在她的人生中。

我无意为违法犯罪分子洗白。然而，在法律上的有罪非罪之间，肯定有大片的灰色地带，就像水无常形，也如日照光影，不停游动伸缩。“权利匮乏者”们就在灰色地带号呼无门，自生自灭。不甘于阶层和命运者，只能寄望于好运。

张海新所在的邓州，也是我的老家。从我家到邓州市区，每次都得路过她家的门口。兴许在我的少年时代，还曾透过车窗，看到过她家饭店的招牌。我一边寻找她的故事，一边复盘自己在故乡的人生体验，为现在的价值观和思维方式定位起点。

我不能说我做到了。作为一名记者，我所有的职业作品都追求最大程度的客观和真实，既杜绝在稿件中投射私人判断，也非常厌恶为所涉及的问题寻求所谓“建设性”答案。在我看来，前一种做法固然很错，后边的也很荒谬。假设一些问题有“建设性”解决方案的前提，就是该问题要么不重要，要么不严重。可事实真的如此吗?

张海新的故事，最终成为邓州的一个笑谈。在我们家的村子里，人们都知道县城有个女人很疯狂，成立了一个山寨“政府”。上了年纪的人会说，这个女人要是提前个几十年，一定会被枪毙。一年多后张海新出狱，还有人记得她吗?

在我正赶写张海新的稿件时，太康县张集镇民妇王海英的丈夫给我打来电话，说王海英死了。王海英今年只有40岁。3年前，我在太康采访时，她举着女儿朱秋月的照片让我拍照。2005年，时年6岁的

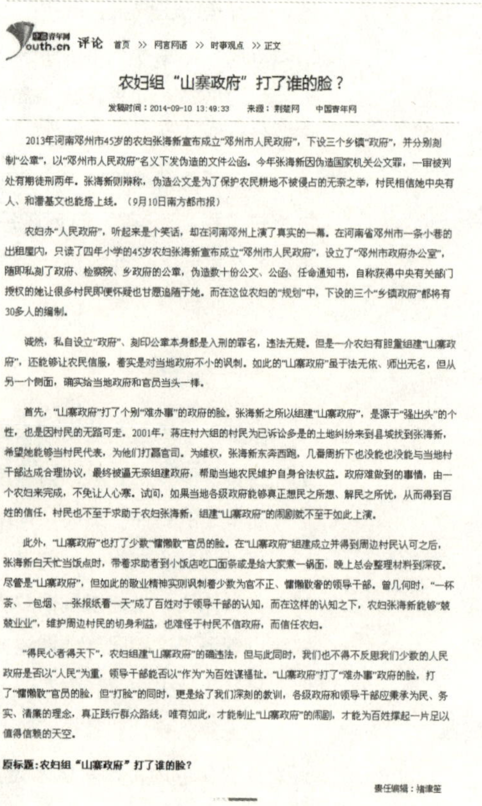
Youth.cn 评论 首页 >> 网言网语 >> 时事观点 >> 正文

农妇组“山寨政府”打了谁的脸？

发稿时间：2014-09-10 13:49:33 来源：荆楚网 中国青年网

2013年河南邓州市45岁的农妇张海新宣布成立“邓州市人民政府”，下设三个乡镇“政府”，并分别刻制“公章”，以“邓州市人民政府”名义下发伪造的文件公函。今年张海新因伪造国家机关公文罪，一审被判处有期徒刑两年。张海新则辩称，伪造公文是为了保护农民耕地不被侵占的无奈之举，村民相信她中央有人、和潘基文也能搭上线。（9月10日南方都市报）

农妇办“人民政府”，听起来是个笑话，却在河南邓州上演了真实的一幕。在河南省邓州市一条小巷的出租屋内，只读了四年小学的45岁农妇张海新宣布成立“邓州市人民政府”，设立了“邓州市政府办公室”，随即私刻了政府、检察院、乡政府的公章，伪造数十份公文、公函、任命通知书，自称获得中央有关部门授权的她让很多村民即便怀疑也甘愿追随于她。而在这位农妇的“规划”中，下设的三个“乡镇政府”都将有30多人的编制。

诚然，私自设立“政府”、刻印公章本身都是入刑的罪名，违法无疑。但是一介农妇有胆量组建“山寨政府”，还能够让农民信服，着实是对当地政府不小的讽刺。如此的“山寨政府”虽于法无依、师出无名，但从另一个侧面，确实给当地政府和官员当头一棒。

首先，“山寨政府”打了个别“难办事”的政府的脸。张海新之所以组建“山寨政府”，是源于“强出头”的个性，也是因村民的无路可走。2001年，蒋庄村六组的村民为已诉讼多是的土地纠纷来到县城找到张海新，希望她能够当村民代表，为他们打赢官司。为维权，张海新东奔西跑，几番周折下也没能也没能与当地村干部达成合理协议，最终被逼无奈组建政府，帮助当地农民维护自身合法权益。政府难做到的事情，由一个农妇来完成，不免让人心寒。试问，如果当地各级政府能够真正想民之所想、解民之所忧，从而得到百姓的信任，村民也不至于求助于农妇张海新，组建“山寨政府”的闹剧就不至于如此上演。

此外，“山寨政府”也打了少数“慵懒散”官员的脸。在“山寨政府”组建成立并得到周边村民认可之后，张海新白天忙当饭点时，带着求助者到小饭店吃口面条或是给大家煮一锅面，晚上总会整理材料到深夜。尽管是“山寨政府”，但如此的敬业精神实则讽刺着少数为官不正、慵懒散奢的领导干部。曾几何时，“一杯茶、一包烟、一张报纸看一天”成了百姓对于领导干部的认知，而在这样的认知之下，农妇张海新能够“兢兢业业”，维护周边村民的切身利益，也难怪于村民不信政府，而信任农妇。

“得民心者得天下”，农妇组建“山寨政府”的确违法，但与此同时，我们也不得不反思我们少数的人民政府是否以“人民”为重，领导干部能否以“作为”为百姓谋福祉。“山寨政府”打了“难办事”政府的脸，打了“慵懒散”官员的脸，但“打脸”的同时，更是给了我们深刻的教训，各级政府和领导干部应秉承为民、务实、清廉的理念，真正践行群众路线，唯有如此，才能制止“山寨政府”的闹剧，才能为百姓撑起一片足以值得信赖的天空。

原标题：农妇组“山寨政府”打了谁的脸？

责任编辑：褚偉笙

朱秋月在乞讨途中丢失。王海英寻找无果后，将丐头告上法庭，打赢了官司，却一直没拿到9万多元的赔偿金，法院执行部门也不管不问。

一群记者给王海英拍完照，她抱着女儿的照片哭起来。她喊着女儿的名字，大声责骂自己，又哀叹自己命苦，说到大过年的买不起年货，想给小麦地浇点水都没钱。在都市快报记者冯志刚的提议下，在场记者一人给她捐了100元钱。

今年7月21日，王海英跟人到新疆和硕县采棉花。7月23日早晨，她第一次上工，坐着一辆机动三轮车，在赶往棉花地的途中遭遇一辆面包车追尾，包括她在内，三轮车上死了6个人。之后，她丈夫一直想要点赔偿，可是三轮车主已经死亡，同样拉摘棉工的面包车司机也被刑拘，也无赔偿能力。她丈夫不知所措，只能拒绝火化王海英的遗体，想向政府部门讨要点赔偿，理由是交警监管不力。

在看守所中的张海新，一直很挂念女儿的高考成绩，却不知道女儿并无资格参加高考。在写这对母女的故事时，我一直会想起王海英母女。朱秋月去哪儿了？她的母亲找不了她了。

（作者系南方都市报记者）

传媒变革加速

□郭全中

郭全中

2014年8月18日上午，中共中央总书记习近平主持召开了中央全面深化改革领导小组第四次会议，会议审议通过了《关于推动传统媒体和新兴媒体融合发展的指导意见》。再联想到2014年4月2日，国办发了《文化体制改革中经营性文化事业单位转制为企业的规定》和《进一步支持文化企业发展的规定》两个规定（[2014]15号文件），尤其需要指出的是，和之前的[2003]105号文件、[2008]114号文件和[2011]19号文件等文件作为保密文件发布形式不同的是，这次在网上进行了公开发布。和之前文件相比，这次的最大亮点是在出资人制度、股权结构和经营者激励约束等企业制度作了系统性的、根本性的突破，其中国有文化资产管理机构明确了出资人，特殊管理股制度有效改变股权结构，股权激励有助于建立科学的经营者激励约束。此外，在土地、税收等方面延续了114号文的优惠政策，将在未来5年内对文化企业的发展有重大影响。今年以来，连续出台的重大文件和政策，意味着我国传媒业大变革开始启动。

一、快速推进媒体有机融合

媒体融合的背景是舆论引导的主阵地在快速向互联网尤其是移动互联网转移，在这就要求在进行媒体融合时必须抓住互联网主阵地这个核心。

1. 以互联网媒介为主体来进行融合

首先，以互联网媒介为主体来整合各种资源。长期以来，传统媒体的电子版、报网互动等以传统媒介为主体的转型实践都以失败而告终，根本原因在于互联网媒介功能对传统媒介是完全替代关系，以其更好的体验性、便捷性、及时性和互动性，实现比传统媒介更好的传播效果。这就要求传统媒体在进行媒体融合时，应以其旗下的互联网媒介为主体进而融合。

其次，具备互联网思维。互联网思维的本质是“用户体验为王”，即以用户需求为导向，以提升用户体验为核心。对于传统媒体来说，这就需要抛弃“高高在上、我播你看、爱看不看”的旧观念，建立起基于互联网的“面向用户、你爱我播、互动参与”的新观念，真正和用户打成一片，做出用户喜闻乐见的新闻产品，在潜移默化中实现舆论引导功能。

第三，更好地利用互联网公司的平台。互联网尤其是移动互联网已经成为用户阅读信息的第一入口，国家应进一步推进国有媒体与互联网公司在股权层面的合作，实现“你中有我、我中有你”，进而更好地利用已有的互联网平台进行更好的传播。

2. 加大扶持，尽快打造市场化能力强的现代媒体集团

必须清醒看到，我国目前的传统媒体和国际巨型媒体集团乃至国内互联网巨头相比，规模和技术实力仍然差距悬殊，这就需要国家出台相应的政策进行扶持，只有选择好了扶持对象才可能取得真正的效果，那么应该

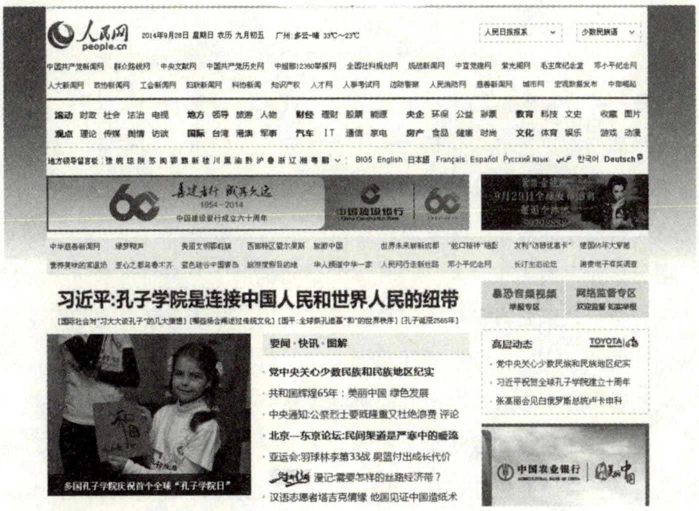

以何种标准来选择扶持对象呢？

首先，以中央级媒体为主。我国当前对媒体采取的是属地化管理政策，这就造成了报纸的“中央、省、市”三级管理体制和广电的“中央、省、市、县”四级管理体制，实质上形成了中央和地方分级所有的形势，因此，中央肯定优先扶持中央级媒体。这些媒体包括人民日报社、新华社、中央电视台、中国国际广播电台、中央人民广播电台、光明日报报业集团、经济日报报业集团等。而地方性媒体能否得到扶持，关键要看当地政府的态度和当地媒体的自生能力，目前，上海和广东两地已经开始投入真金白银扶持传统媒体，其中上海市委市政府给予解放日报社、文汇报社每年各5000万元的资金支持，当然据了解，即使给予这样的扶持力度，解放日报和文汇报仍然需要进一步扶持；广东省委省政府从2013年起，每年对几家主要省级媒体融合发展给予一定财政支持。

其次，具有舆论引导重任的媒体。本次融合要解决的根本问题是互联网的舆论引导能力，这是媒体责无旁贷的任务，因此，这次扶持的对象主要是具有很强意识形态属性的广播、电视、报纸和期刊等媒体，而出版企业由于其意识形态属性较弱，舆论引导的责任也较小，因此，得到的扶持也就比较有限。

第三，市场影响力。一方面，市场影响力的本质就是对用户的影响力，只有具有强的市场影响力，才真正具备适合用户的传播力、公信力和影响力；另一方面，只有具备很强的市场影响力，才能获得较多的收入和较强的市场盈利能力，也才能使得媒体可持续发展。而且从国际传媒巨头的发展实践来看，唯有那些市场化能力强、规模巨大且盈利水平高的传媒巨头才能真正具有全球传播力和影响力。

第四，专业化运作能力。媒体同时具有意识形态和商品属性，其运作有其自身规律，自然就要求在新闻传播、技术、经营管理、营销、资本运作等各个环节都进行专业化运作，主要体现为大范围使用专业化人才。一方面表现为大范围任用传媒职业经理人，另一方面表现为大量使用各门类的专业化人才，这也是国际领先传媒巨头的通用做法。

第五，旗下有上市公司。现代媒体集团的一个重要特点就是金融和媒体的有机结合，只有具备强大的资本运作能力，才能够通过收购等手段实现快速壮大。一方面，传统媒体通过上市有效打通了直接融资渠道，能够用较低的资本成本在较短的时间内吸纳大量资本，帮助媒体集团收购；另一方面，上市能够帮助媒体集团招聘到更为优秀的市场化人才，实现媒体集团的跨越式发展。目前，在报刊方面，旗下有上市公司的分别有人民日报社旗下的人民网、浙江日报报业集团旗下的浙报传媒、广州日报报业集团旗下的粤传媒、成都传媒集团旗下的博瑞传播、上海报业集团旗下的新华传媒等；在广电方面，旗下有上市公司的分别是中国国际广播电台旗下的华闻传媒、中央电视台旗下的中视传媒、上海文广集团旗下的百视通、湖南广电集团旗下的电广传媒、凤凰新媒体等等。尤其需要指出的是，上市公司的综合实力越强则获得支持的力度也会越大，而其综合实力由资产规模、销售收入、净利润、市值、媒体资源、市场化能力、专业化能力等指标衡量，总体来说，华闻传媒的综合实力在上述公司中居首。

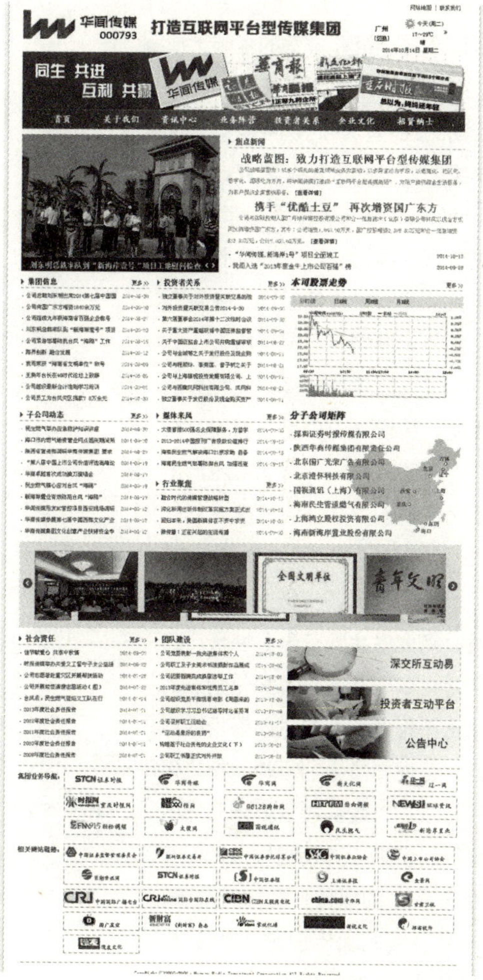

二、建立起“管人管事管资产管导向相统一”的国有文化资产管理机构

15号文第一条规定，按照政企分开、政事分开原则，推动政府部门由办文化向管文化转变，推动党政部门与其所属的文化企事业单位进一步理顺关系。建立党委和政府监管国有文化资产的管理机构，实行管人管事管资产管导向相统一。这将有助于解决出资人缺位、越位、错位并存的混乱现象。

1. 我国国有文化资产管理体制的现状不容乐观

我国文化单位意识形态属性很强，且长期以来采取的是“事业单位企业化管理”的管理方式，资产基本上采取的是事业单位资产的管理方式，在资产管理方面乏善可陈：一是我国的国有文化资产缺乏统一的监督管理机构；国有文化资产监督管理机构的职责不科学、不明晰；国有文化资产管理机构对国有文化企业的管理方式存在着“国有股一股独占或者一股独大”的股权结构等诸多问题。

2. 建立健全国有文化资产管理机构

在健全国有文化资产管理体制时，一方面要充分学习和借鉴其它国有资产管理体制成功经验，另一方面在充分考虑文化产业的意识形态属性和经济性的双重属性的同时，又要充分考虑文化资产的事业资产和经营性资产混合的特性，而关键在于做好如下三个方面的工作：

首先，在中央文化企业国有资产监督管理领导小组办公室的基础上成立统一性的文化国有资产监督管理委员会。中央文化企业国有资产监督管理领导小组办公室成立以来，取得了很多成功的经验，因此，可以扩充现有的中央文化企业国有资产监督管理领导小组办公室的机构及职能，建立起中央政府和地方政府分别代表国家履行出资人职责，享有所有者权益，权利、义务和责任相统一的文化国有资产监督管理委员会，以切实履行出资人职责。由于文化国有资产有意识形态属性，建议目前依然设立在财政部下，由中宣部、财政部等部门协调管理。此外，应按照“国家所有、分级管理、授权经营、分工监督”的原则建立起“三级管理”体制。完善的机构设置是切实履行出资人职责的前提，因此，应设立中央财政部门、省级财政部门和地市财政部门三级设立相应的监督管理机构，来切实履行出资人职责。当然，文化国有资产监督管理委员会的设立是三级管理体制的机构保证。

其次，科学界定国有文化资产监督管理机构的职责。一是由于国有文化企业既要考虑社会效益又要考虑经济效益，绝大多数既有事业性资产又有经营性资产，因此，既要充分考虑国有文化企业与其他国有文化企业的共性，又要考虑自身的特性，实现国有文化资产管理和主管主办等相关制度的有机结合。二是借鉴国务院国有资产监督管理委员会的经验，把文化国有资产监督管理委员会的职责确定为：一是根据财政部授权，依照《中华人民共和国公司法》等法律和行政法规履行出资人职责，指导推进国有文化企业改革和重组；对所监管文化企业国有资产的保值增值进行监督，加强文化国有资产的管理工作；推进国有文化企业的现代企业制度建设，完善公司治理结构；推动国有文化经济结构和布局的战略性调整。二是代表国家向部分大型国有文化企业派出监事会；负责监事会的日常管理工作。三是通过法定程序对国有文化企业负责人进行任免、考核并根据其经营业绩进行奖惩；建立符合社会主义市场经济体制和现代企业制度要求的选人、用人机制，完善经营者激励和约束制度。四是通过统计、稽核对所监管国有资产的保值增值情况进行监管；建立和完善国有资产保值增值指标体系，拟订考核标准；维护国有资产出资人的权益。五是起草国有文化资产管理的法律、行政法规，制定有关规章制度；依法对地方国有资产管理进行指导和监督。

第三，清晰界定国有文化资产监督管理的范围和内容。一是国有文化资产管理机构应对国有文化资产实现统一化管理，既要管理相应的事业性资产又要管理相应的经营性资产。在具体管理中，可以由国有文化资产管理机构把包括事业单位在内的所有资产授权给成立的经营性公司负责运营，至于事业性资产，由负责事业性资产的事业单位和经营性公司签订相应的委托协议，以确保事业性资产的保值增值。二是国有文化资产管理机构管理的应是“大文化”意义上的国有文化资产，既要包括广播电视业、新闻出版业、演艺业、动漫业，又要包括互联网以及其他新兴的业态。

三、试点特殊管理股制度

15 号文规定，对按规定转制的重要国有传媒企业探索实行特殊管理股制度，经批准可开展试点。

1. 特殊管理股是“金股”

特殊管理股的本质是具有较多投票权的股权或者是具有某些特殊投票权的股权。“金股”制度最早起源于上世纪 70 年代后期开始的英国私有化运动中，金股的特殊权利由政府颁布法令作出明文规定，即财政部对改制公司的股权结构和管理委员会构成具有控制权，这种控制权通过如下措施来保障：一是规定投资者持股上限；二是要求所有持股超过 5% 以上的投资进行注册登记；三是规定资金的使用方向；四是对公司章程修订行使否决权；五是派代表参加管理委员会。在具体个案中，财政部可以使用其中一种或几种措施，其中前两种措施应用最为普遍。这种“金股”制度在英国等欧盟国家广泛应用，其本质是指具有某些特殊管理权的制度。另外一种“金股”制度安排是同股不同权，在美国应用最广。例如，互联网巨头谷歌公司就发行了三类股票，其中 A 类股是一股一票，B 类股具有高级投票权，1 股 10 票，C 类股却没有投票权，这样既能有效地融通资本，又能保证创始人的绝对控制权。虽然谷歌进行了多轮融资，佩奇和布林通过持有高级投票权的 B 类股，仍然拥有谷歌 50% 以上的控制权。

2. 特殊管理股制度有利于完善我国文化企业股权结构

当前，我国国有文化企业的股权结构基本上是国有股“一股独占”或者“一股独大”，这种股权结构导致国有文化企业难以建立起科学合理的公司治理机制，难以有效地吸引外部战略投资者和资金，难以建立起有效的职业经理人制度，更难以利用市场化资源来发展自身，这一切都导致国有文化企业在制度化方面和市场化文化企业处于劣势，尤其在当前面临向互联网媒体转型的艰难时期，存在严重缺陷的股权结构所导致的体制化缺陷使其转型步履维艰。

其次，特殊管理股制度能够更有效地实现管人管事管资产管导向的有机结合。《规定》指出，建立党委和政府监管国有文化资产的管理机构，实行管人管事管资产管导向相统一。我国当前对导向的管理基本上采取的还是直接行政干预的微观管理的方式，其本质还是“办文化”的理念和思路，而特殊管理股制度作为市场化的方式和手段，更能充分发挥市场机制的决定性作用，能够真正实现向管文化的转变。

3. 特殊管理股制度的试点

首先，试点范围主要是转制后的重要国有传媒企业。由于传媒具有很强的意识形态属性，我国对其采取的是分类改革的思路，即时政类传媒单位仍然保持其事业单位性质，成为公益一类或者公益二类机构，而非时政类传媒单位则彻底进行转企改制，成为市场化的企业。根据规定，特殊管理股制度试点的范围是转制后的国有传媒企业。目前，这类企业主要集中在新闻出版领域，而广电领域较少。那么，何为“重要”呢？如果所有的都纳入范围，显然不必要再加上“重要”二字。因此，其范围可能是具有较强意识形态属性的都市类、晚报类、财经类报刊、以前履行相关部委机关报刊职能的行业报以及重要的广电类媒体。尤其需要指出的是，随着转企改制的进一步深化，特殊管理股制度的试点对象必将进一步扩大，未来互联网媒体也有可能被纳入。可以预测，今年可能会在已上市和拟上市的重要传媒企业进行试点。

其次，特殊管理股制度的较好制度安排是具有“一票否决权”，即规定特殊管理股可以在股权比例很低的情况下依然享有一票否决权，这能满足党委和政府对重要传媒单位的严格掌控力，又能够更容易满足当前的相关制度进而更容易实施。当然，如果是一票否决权，就必须界定清楚主要体现在哪些地方，是所有的事项还是重大决策，是严格限定于某些重大决策事项还是所有的重大决策事项。为了更好地实现政企分开，为重要的传媒单位营造良好的体制环境，笔者建议把一票否决权严格地限定于重大决策权的某些事项，最为合理的是严格限定于采编重大事项、党委书记等重大人事任命等重大决策。

四、探索国有文化企业股权激励机制

15号文指出，探索国有文化企业股权激励机制，经批准允许有条件的国有控股上市文化公司按照国家有关规定开展股权激励试点。

1. 股权激励的条件已经成熟

首先，我国国有文化企业亟需完善公司治理机制。近几年来，我国文化创意产业高速发展，国有文化企业也取得了较大的成就，但是不健全的企业制度严重制约着国有文化企业的进一步发展，而缺乏有效的经营者激励约束机制决定了现代企业制度的核心——公司治理机制的不科学、不健全，经营者激励约束制度的缺位是很多国有文化企业管理粗放、创新不够、效益不好、发展乏力的直接原因，也成为阻碍很多国有文化企业可持续发展的顽疾。

其次，激励约束机制亟需市场化和多元化。当前，我国的国有文化企业的激励约束机制存在三大突出问题：一是"大锅饭"式的平均主义严重，缺乏有效的市场化激励机制。骨干员工与一般员工之间的差距拉不开，导致难以吸引高素质人才和人才流失现象严重；二是重表彰等精神激励，而轻薪酬等物质激励；三是不仅短期激励不够而且长期激励匮乏。这种非市场化、非多元化的激励约束机制难以有效激活经营者和骨干员工的创造活力，导致国有文化企业缺乏可持续发展的核心驱动力。

第三，非国有文化上市已经建立起了完善的长期激励制度，倒逼着国有文化上市公司尽快建立起相应的制度。文化创意产业一方面作为创意产业，一方面又具有轻资产的行业特点，具体表现在其资产主要是人才和品牌等无形资产。而根据民营上市公司已经形成的市场规则来看，经营者和骨干员工持有股权是对于创意人才最为有效的激励机制。如果国有文化上市公司不建立健全相应的股权激励制度，必然难以吸引到高素质的经营管理和创意人才。因此，非国有文化上市公司采取了股权激励约束制度，也倒逼着国有文化企业进行相关制度的建立、健全与改革。

第四，之前的股权激励实践将被合法化。在实践中，博瑞传播、华商传媒和21世纪经济报道公司已经采取了股权激励制度，但是之前一直没有得到承认，15号文的出台，将使得之前的实践被承认和合法化。

2. 股权激励的实施

首先，国有文化企业股权激励要有明确的目的。结合我国国有文化企业的发展现状，应确立如下三大目的：一是促进国家利益与经营层、骨干人才结成紧密的利益共同体，具有相同的目标，以切实保障文化国有资产的保值增值；二是促进经营层更加关注长期目标和股东价值而不是企业规模、职务消费等目标或者短期目标，以更有效地保障企业的战略目标的实现；三是建立起公司、经营层和骨干人才的风险共担机制，以充分发挥经营者的积极性、主动性和创造性。

其次，首先在国有文化上市公司进行试点。目前，我国已经有上百家国有文化上市企业，这些上市公司已经实现了股权多元化，本质上已经形成了多元化的混合所有制股权结构。这些上市公司相比未上市公司，已经具备了较好的基础，因此，应先在这些上市公司和拟上市公司中进行试点，并在及时总结经验的基础上大力推广。

第三，在进行股权激励时还要设置科学合理的行权条件。股权激励要有效实施，其前提是在避免国有资产流失的基础上又有有效的激励性。例如，百视通的行权条件具体为：以 2013 年为基准年，在各批股票期权生效的前一财务年度（2015 年至 2017 年）营业收入年复合增长率不低于 25%，且 ROE 分别不低于 14.5%、15.0% 和 15.5%，上述两项指标均不低于对标企业同期 75 分位水平。

第四，分类采取不同的激励制度。一是对于上市国有文化企业可以综

合采取股权期权激励和股票增值权激励多种方式；二是对于未上市国有文化企业可以采取“虚拟股票”的方法；三是对于新设的国有文化企业可以在文化企业设立时，由管理层直接出资持有股权。

3. 股权激励已经有了探索

近日，“百视通”发布公告宣称，公司拟对中高级管理人员以及核心人才实施股权期权与股票增值权计划，行权价为 44.33 元 / 股，和公司停牌前股价相同。“百视通”根据实施对象国籍的不同，其激励形式分为股票期权激励计划与股票增值权激励计划两种。其中，在股权期权激励方面，公司拟向 224 位中高级管理人员以及关键技术骨干人员授予期权 396.31 万股，占公司总股本的 0.356%，人均期权 1.77 万股；在股票增值权激励方面，拟向 2 名外籍高管授予虚拟股票 13.43 万股，占股本总额的 0.012%，人均 6.715 万股。当满足一定条件的情况下，行权人可以获得公司行权日市价高于行权价格的增值部分收益，由公司以现金形式支付。该计划授予股票期权的行权限制期为两年，限制期满后，在公司满足相关业绩条件的前提下，股票将分三批匀速生效。

目前，在十八届三中全会推进文化体制改革的利好精神的鼓励下，其他国有文化上市公司也在积极推动股权激励，除了上海的百视通之外，安徽的皖新传媒和时代出版等国有上市文化企业在当地政府的大力推动下也在积极准备试点推行股权激励方案，并探索职业经理人制度。

五、其他亮点

1. 土地措施

15 号文规定：经省级以上人民政府批准，经营性文化事业单位转制为授权经营或国有控股企业的，原生产经营性划拨用地，经批准可采用国家出资（入股）方式配置。

该措施对于国有文化企业来说，通过土地的变性将能够快速增加国有文化企业的净资产，也能为未来的发展提供坚实的基础。例如，文化企业现有的一块划拨地就可以通过这种办法增加上亿元甚至几十亿元的净资产。

2. 税收措施

15 号文规定：经营性文化事业单位转制为企业后，免征企业所得税；

党报、党刊将其发行、印刷业务及相应的经营性资产剥离组建的文化企业，所取得的党报、党刊发行收入和印刷收入免征增值税。对电影行业也有很多税收优惠政策，执行期限为 2014 年 1 月 1 日至 2018 年 12 月 31 日。

目前，符合上述条件的文化企业每年的净利润能够达到 300 亿元以上，而企业所得税税率为 25%，每年能够为文化企业增加 75 亿元以上的净利润，5 年将为文化增加 400 亿元左右的净利润，这无疑对文化上市企业和文化企业是重大利好，能够很好地支持文化企业的发展。

（作者系国家行政学院社会和文化教研部高级经济师、管理学博士，本文是作者主持的国家社科基金重点项目《新媒体环境下传统媒体的转型战略研究》的阶段性成果，项目批准号：13AXW006）

报业如何建成新型媒体集团

□方英

方英

8月18日，中央全面深化改革领导小组第4次会议审议通过了《关于推动传统媒体和新兴媒体融合发展的指导意见》(以下简称“意见”)，习总书记在会上发表重要讲话，提出要着力打造一批形态多样、手段先进、具有竞争力的新型主流媒体，建成几家拥有强大实力和传播力公信力影响力的新型媒体集团，形成立体多样、融合发展的现代传播体系。

那么，报业集团转型新型媒体集团，需要从哪些方面入手呢?

补强技术短板

《意见》强调要将技术建设和内容建设摆在同等重要的位置。这表明，报业集团现今要比拼的不是自身生产内容的优势，而是信息技术这一弱势所在。

既然是弱势，那么传统媒体要打造成习总书记所说的形态多样、手段先进、具有竞争力的新型主流媒体，拥有强大实力和传播力公信力影响力的新型传媒集团，在技术发展方面存在哪些困难，又要朝什么方向突破呢?

1. 建设大技术中心，任重道远

大技术中心以云计算和大数据为技术基础架构，以用户体验为核心要

光明日报

河北面向全国选聘大学生村医

让青春在实践中闪耀

——胡锦涛总书记给北京大学第十二届研究生支教团成员的回信使全校师生受到极大鼓舞和激励

小剧团 大课题

2011年工程院院士增选有效候选人名单公示

北京将赋予文物保护单位工程否决权

光明方正新媒体技术联合实验室成立

成都商报

礼法合治德主刑辅有重要启示

习近平昨主持中共中央政治局第十八次集体学习

黄新初在参观2014成都创意设计产业展览会时强调

创意要与现代生产生活结合

更好地为城市发展和百姓生活服务

学校保安上岗要配齐9件套

神龙汽车第四工厂 初定周四奠基动工

中心城区商品住房 9月成交均价 9312元/m²

素。通俗来说也就是业界所谓的“中央厨房”，资源共享，集中处理，“烹制”衍生出不同形式的信息产品，然后通过不同的平台传播给受众。

目前，光明日报报业集团专门搭建了一个云计算平台，目标是建设基于互联网的新闻数据基地。该集团与方正集团成立了“光明方正新媒体联合实验室”，共同致力于适合媒体转型发展需要的新媒体技术的研究；成都传媒集团在成立之初，就设立了以成都商报为主导，包括报纸、电视、广播、网站、期刊等不同媒体形态在内的“媒体深度合作试验田”，通过优势嫁接、集约运行、资源打通等方式，实现媒体的深度融合。

从“实验”到“试验”，可以看到，主流媒体都在积极探索推进融合，放大主流媒体影响，但要打造成真正意义上的全媒体融合中心还有很长一段路要走。

2. 资金投入，有待破解

“中央厨房”难以一蹴而就，但可以分步实施。今年6月以来，人民日报、新华社、中央电视台等中央媒体移动客户端正式上线。浙江日报的“浙江新闻”、重庆日报的“看重庆”、福建日报的“今日福建”、大众日报的“山东24小时”等省级党报移动客户端也先后上线。大众报业集团已经建立了两大信息共享平台，一是新闻稿件的共享流转平台，二是各媒体图片共享平台。笔者供职的江西日报传媒集团全国第一个推出报网互动栏目《江报直播室》，目前业已建成中国江西网全媒体采编中心和江西日报微博工作室，并加速打造一体化采编播集成平台、研发和推广江西日报手机客户端。

从“生产线”到“用户端”，这些成果自然畅快光鲜，但背后需要巨量的资金支撑。例如，要充分满足新闻资源全媒体化、视频化需求，建立一套可以在多种网络环境下使用的移动网络直播系统，包括网络视频直播车、转直播视音频系统、传输系统等，大概需要 3000 万元。对于实力还不是很壮大的传媒集团来说，资金压力巨大，融资困难。

3. 技术壁垒，无处不在

一是全媒体采编系统技术平台还没有互融互通。有些报业集团，各子报、刊、网等采用的都是不同版本或公司的技术，不能畅通，无法兼容，造成资源的浪费和整合的困难。

二是无论微博矩阵还是微信矩阵，技术和平台都掌握在运营商手上。

三是网络服务器亟需升级换代。例如“全国报业 30 强”江南都市报微信进行二次升级推出的“周一见”活动，一小时中有 13 万人次涌入平台，致使网络一度拥堵，几近崩溃。

突破旧的发展模式

“媒体融合”最早由美国马萨诸塞州理工大学教授浦尔提出，原意是指各种媒介呈现多功能一体化的趋势。其概念应该包括狭义和广义两种，

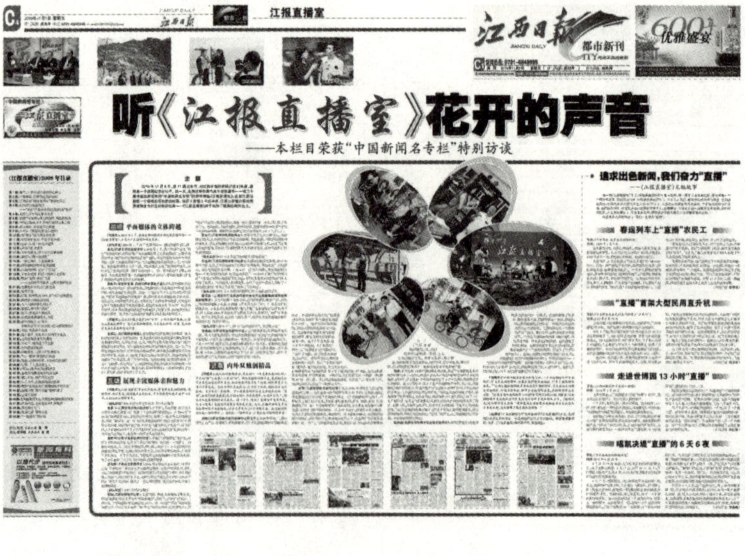
江报直播室

江西日报

都市新刊

听《江报直播室》花开的声音

——本栏目荣获“中国新闻名专栏”特别访谈

追求出色新闻，我们奋力“直播”

春运列车上“直播”农民工

“直播”首架大型民用直升机

走进世博园 13 小时“直播”

唱凯决堤“直播”的 6 天 6 夜

狭义的概念是指将不同的媒介形态“融合”在一起，产生“质变”，形成一种新的媒介形态，如电子杂志、博客新闻等等；而广义的“媒介融合”则范围广阔，包括一切媒介及其有关要素的结合、汇聚甚至融合，不仅包括媒介形态的融合，还包括媒介功能、传播手段、所有权、组织结构等要素的融合。因此，如果不开阔视野，在这一轮媒体融合的机遇和热潮中，很可能只多衍生出几个新的媒介形态，噱头过后，还是在该轮舆论格局深刻调整和洗牌、舆论生态重新寻找平衡的时势中被甩出核心竞争圈。因此，媒体融合不是单纯媒介形态的创新，也不是浅层次的从新闻“生产线”到“用户端”的创新。

1. 媒体融合要规避落入形式的窠臼，实现深度融合

简单地说，“媒体融合”是信息传输通道多元化下的新作业模式，是把报纸、电视台、电台等传统媒体，与互联网、手机、手持智能终端等新兴媒体传播通道有效结合起来，资源共享，集中处理，衍生出不同形式的信息产品，然后通过不同的平台传播给受众。

例如，大众报业集团着力于三条传媒线的融合发展，实现由“报”到“媒”的转变。一是报纸传媒线，做好报纸深耕、资源整合、品牌建设；二是有线电视传媒线，与有线电视网络资源共享，实现集团跨媒体发展；三是网络媒体传媒线，通过整合全省手机报，组建山东省互联网传媒集团，把网络媒体传媒线做大。该集团探索把报纸、有线电视和网络的壁垒打通，实现三种媒体的融合，探索出了一条发展新媒体的成功路径。

还有人认为，媒体融合不仅是传媒业的融合，还是 IT 业、通信业和传媒业的跨业融合，这又拓展了融合的外延。2012 年浙江报业集团斥资近 32 亿元收购杭州边锋和上海浩方 100% 的股权就是一个有力例证。其通过购买游戏，搭建自主用户平台，是以颠覆性的行动，实现媒体自身生态的变革。

2. 媒体深度融合要做的事情很多，千头万绪，但最重要的是采编流程再造、组织结构调整、采编运营结合、用户关系重构、借助技术和资本市场启动融合引擎

从这五个方面着力就找到了抓手。在组织结构调整，最能体现打破、跨界、颠覆的理念。“中央厨房”不再是开小灶，各做各的菜，而是大家汇集一堂，统一采购、分类加工、集中分发。这个理念很早就提出了，但让不同部门、不同岗位、不同级别的人，座位打乱、级别打乱、密集沟通，还有很多问题没有解决。不少传统媒体，尤其是党报，虽然早就实行了自收自支、自付盈亏的经营模式，但仍是事业单位，行政级别泾渭分明，上汇报下布置的一丝不苟的机关工作作风仍大行其道。打破这些条条框框，是传统媒体深度融合的第一步。外在打通后，还要在机制、流程、人员配备等内在方面，深度整合，有破有立，形成合力。

3. 媒体深度融合应打破常规思维，不断寻求新的结合点

毕业于复旦大学国际关系与公共事务学院的言十，在网络发布《新媒体终将死去，甚至被纸媒替代》一文，其逆向思维的观点令人为之一振。他认为信息时代还可被细分为“网器时代”与“去设施化时代”。他描绘了这样一幅场景：当在餐厅等餐时，餐巾纸上提供有趣的动画短片；当想了解新闻，街边的“新闻树”上可以取下一份叶片并展开为报纸，报纸的某处散发着油印的芬芳，上面是今天的重点新闻，需要细细阅读的部分，报纸的某处是闪动的视频，正展示着某条新闻的现场报道；报纸的某处是可触发的广告，摁下后能够直接与广告商联系垂询信息……他认为纸媒集团现在最应该做的不是开微信号微博号，而是投资弯曲屏技术与纸张的结合技术，并大幅降低成本。

不知道这样的前景能不能实现，但未来一切皆有可能，妙不可言。

4. 一切竞争都将归结于人才的竞争

在人才挖掘、使用、培训、再造等方面打开理念也是关键。组织结构调整、采编运营结合、用户关系重构等媒体融合的抓手，从表面上看是内部机制体制问题、市场开拓问题，但归根结底是选人用人的问题。现在一些传媒集团已实施事业单位转企改制，一些还未施行，体制机制管理市场化已是大势所趋。在分秒必争、弯道超车的传媒业态下，大力挖掘启用人才刻不容缓。笔者认为可以市场化运作，尝试多种模式，比如双轨制。借采编流程再造、组织结构调整之机，实现人才配备、薪酬市场化，比如总经理负责制、年薪制等，但要避免新瓶装旧酒，改皮不改肉。

总之，资源整合就是实力，就是效益。谁能在这一轮传媒大发展中脱颖而出，谁就是大赢家。

（作者系江西日报社新闻研究所主任编辑）

秉中持正才是内容为王之道

——兼谈新闻业应抛弃“以药养医”的套路

□支庭荣　陈梦圆

支庭荣

春秋战国时期，据说魏文王扁鹊问对，“阎王敌”自承医术不如他的两位兄长。其长兄治病于未起，名气出不了家门；其中兄治病于萌芽，名气出不了街坊；神医自己擅长磨刀霍霍，针刺药敷，手到病除，反而名气最响。说明名与术，不一定呈正相关。术而无名则罔，名而无术则殆。

比附一下，眼球或注意力不妨视为名，对注意力资源的掘取与驾驭不妨视为术，最好的组合是名正术亦正，最差的组合是名正而术斜，在错误的方向上偏得离谱。对于新闻工作而言，持正是十分重要的。

“负面报道”与公共利益守护

近期传媒和 IT 界引人注目的事件中，有一些与有偿删除负面信息有关。其中包括腾讯与搜狐网的员工王某与何某，分别因有偿删帖，而受到法律的制裁。这警醒人们，行业中存在两个误区：一是部分企业和公关公司，将正常的策划、执行类公关业务与行贿删负混为一谈，求名而术不正，求财而取之非常道；二是媒体行业的员工，参与了公关行业的活动，突破新闻业的伦理边界。当然，门户网站大多是全业务的，媒体功能只是其中一部分。

关于如何看待“负面”的问题，范以锦先生有过精彩的论述（《“负面报道”：一个被模糊了的概念》，载《新华文摘》2008年第10期）。这里稍作发挥，第一，存在积极的事实和消极的事实（以及中性的事实）；第二，存在相关责任方对于事件、情况的妥当的或不妥当的处置（或者比较妥当的处置）；第三，对于事实或其处置，可能出现准确的或不准确的报道（或者比较准确的报道）；第四，报道刊播后，可能产生一定的正面或负面的社会影响（或者没什么社会影响）。以上四者的组合，决定了对于报道的专业评价和社会评价。其中最理想的情况是积极的妥当的准确的正面的报道，最差的是消极的不妥当的不准确的影响恶劣的报道。

对于新闻界来说，要提防的是过失性的不准确报道或主观性的恶意歪曲报道。前者在专业水准（中位线）之下，不会得到专业共同体的认可；后者在专业底线之下，常常与负面的社会影响联系在一起。新闻界需要竭力卫护的是专业的中位线，突破底线则进入了司法的视野。从这一点来看，“守住底线”的要求其实是不够的，因为接近“底线”意味着接近雷区，意味着容易失守。

对于企业而言，消极的事实未必会被不准确地报道或恶意利用，未必会导致负面的社会影响，只是处置应对难度比较大，风险不太好控制，所以也有一些企业选择通过正当或不正当的渠道息事宁人。

说到底，作为把关者，对于消极事实的处理尤需慎重。要在保障民众的知晓权、参与权、监督权，促进事件或问题的解决与消极事实的不当扩散的负面后果之间，取得平衡。新闻往往与突发、

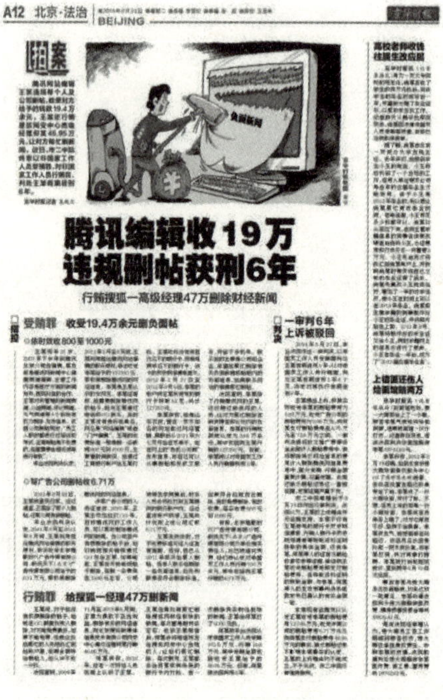
A12 北京·法治
BEIJING

腾讯编辑收19万
违规删帖获刑6年

行贿搜狐一高级经理47万删除财经新闻

受贿罪 收受19.4万余元删负面帖

一审判6年
上诉被驳回

上错派还伤人
给医垫赔两万

事故、灾难、奇异、偏离常态联系在一起，这是行业的特性使然，是知晓的欲望使然，是守望的责任使然，但是，即便如此，新闻也要遵守真实、平衡等基本的专业原则，以避免事实被夸大，真相被遮蔽，报道被误解，避免过多地建构现实，博取虚名。

但是，关于消极信息的准确报道本身，始终有它的社会价值在，是不能归零的。正如啄木鸟之于果树，良医之于大众，它是现代社会治理不可缺少的一个环节，不能无闻或不闻。

个人节操与社会责任维系

新闻行业每时每刻都要处理各种信息来源提供的大量信息。来自组织的、个人的各种信息，都有各自的传播价值，即使是公共关系的稿件，也能传递一些机构的密码。只要用户具有一定的素养，自能辨别析取。但是，无论公关企业如何站在客户的立场上去主张，新闻业及其从业者，仍应着眼于公共利益和职业规范，与公关行业切割开来，实现采编与经营的严格剥离。

据人民网报道，在与公关行业利益纠缠不清的媒体从业者中，也包括了原央视记者芮成钢。多年来一直以正面形象示人、粉丝无数的芮，曾经是北京帕格索斯公关公司的股东。尽管有数不清的广告公关公司衍生于媒体周围，但是任何人都没有权利将作为单位一分子参与获取的注意力资源，转输于他人或自己，何况我国的许多媒体人，享有接近

B01 贵州都市报

7 Seven 周刊Weekly 每周日推出

隐形的世界首富?

仿真料理 "赝品"的逆袭

●天下七日祝

RUI, IKEA, COSTCO

制造芮成钢

国际化的中国新青年

于公职人员的身份地位，更不能损公肥私。

由于职业特点，抢镜的媒体精英往往会成为公共舞台上的主演，成为各种利益关系交织的节点，既有受众追捧，也有商家青睐。在这一平台上，必须付出的代价是，自我把控，而不是代表亚洲；自我检点，而不是暗渡陈仓。

西方的明星主持人，动辄有百万或千万美元的年薪。作为事业单位，企业化管理之下的我国媒体，其薪酬体系并没有参照国外商业化媒体的水准，甚至赶不上互联网新贵们的激励力度。但是，这并不是媒体人寻租逐利的借口。既然存在择业的自由，既然李咏等一众名人可以选择离开，看重自身商业价值的媒体人，大可投奔体制灵活的企业怀抱，而不是就地取材，遂行潜规则。

收入来源清晰有据，成为转型期对媒体人，也是对各行各业的一个基本要求。员工在单位的平台上未经赋予而擅自行使瞒新闻、发新闻、撤新闻的权力，属于不当，或者未尽责，或者乱塞责，或者违本职，需要“洗洗澡，治治病”。更为要命的是“有偿”，是大额利益索取或输送。因此本质上是节操碎了一地的问题。小到个人操守，中到商业伦理，大到社会责任，其实是高度一致的。个人失节，必然为害社会，堕坏生产和创造，鼓励捷径取巧。道德的沦丧固然可能由于社会风气的侵袭所致，却也与对监督者缺乏监督不无关系。“无冕之王”的光环会让公众投以过多的信任，也有可能让人迷失。如果不是雷霆般的廉政风暴，芮成钢、郭振玺们可能依然一面潜伏着，一面在台前叱咤风云。这也说明运用法制的手段治理新闻行业的必要性。

奇闻异断与主流价值传播

9 月份，《人民日报》连续刊登 4 篇署名评论，对“悬疑新闻”点名批评。悬疑也者，常用“疑”、“或”、“传”等推测性的字眼作标题，内容往往“莫须有”，语焉不详。悬疑新闻，有故事，多谣传，充斥着奇闻异断。

讲故事，说故事，历史悠久，人们未必尽信。盗墓笔记、鬼吹灯，灵异玄幻，盗版也很火爆。关键之处是，不宜以新闻的名义，言之凿凿，从而为谣言、失望、恐慌、混乱等打开方便之门。

因此每见有标题党，有“湖南一产妇死在手术台主治医生护士全体失踪”这样的骇人报道。为了迎合社会上“窥私”、“审丑”、“仇富”、“仇官”等不良心态而突出“星”、“腥”，为了耸人听闻追求眼球经济而断章取义添油加醋，这种对点击率和关注度的盲目崇拜，对主流价值传播有害无益。环球网认为，媒体报道拒火上浇油，涉医新闻需审慎落笔，可算号准了脉搏。

互联网是20世纪最重要的发明之一，但是网络作为大染缸的成色尚未褪去，反而由于其顽强的自我生长能力而野火烧不尽：灾难、事故、贪腐、内幕、揭秘、丑闻层出不穷，悲观、阴暗、谩骂、中伤，交叉传染，无数负能量；曝隐私、秀下限、搏出位，各种暗黑破坏神。负能量往往自发性地滋生蔓延，正能量却需要投入资源主动地去激发、去化解。

奇闻异断、情色暴戾可以说是社会领域的“负面报道”，是消极事实或不妥当处置的不准确的猎奇式的传播，虽然常常指代不明，或指向个体，伤害的范围似乎比较小，或伤害的程度似乎较轻微，仍是一种传播权力的滥用或放纵。这与一些网络推手的摇旗呐喊有关，也与一些媒体从业者的专业精神不足和功利主义作祟有关，与少数媒体为了抓眼球而不予抵抗，牺牲了准确平衡的报道原则密不可分。

眼球经济，太着眼于经济了。时代巨变，节奏太快，造成了很多急功近利。总有几旋食腐鸟，总有几桩骇人事，总有几宗隐秘情，但不能因此而无限放大，薄古非今。所谓“负面”不可少，占比不宜太重；所谓故事不可少，戾气不宜太重；所谓节操不可少，利欲不宜太重。神人无功，圣人无名，至人无己。秉中持正，“理性、建设性”，求仁得仁，才是王道，才是新闻工作的本分。

“以药养医”与行业生态优化

在排除个人节操、行业风气等因素之后，媒体行业内幕频频曝光的背

A18 各地·综合

NATIONAL

产妇死在手术台上 医生护士失踪

事发湖南湘潭县妇幼保健院

后，难以掩饰的是传统媒体的疲惫生态，难能可贵的是转型媒体的智慧和勇气。

中国的新闻界从来不乏脊梁。今天的中国，媒体从业者面对着复杂的“盗梦空间”。绝大多数的媒体及其从业人员，都能够坚持党性原则，保持良好的专业精神，坚守底线。虽然偶有差错，更多的是一篇篇真实、平实、厚实的新闻报道，成为媒体发挥其社会功能的生动注解。“理想”两个字，曾让多少新闻人孜孜以求。他们用自己的努力，赢来了职业的尊严。

但是，我们也不能不看到，媒体业的生存环境正在发生着急剧的变化。传统媒体收入狂飙突进的岁月已成为历史。从2005年开始，美国报业持续萎缩。大力削减成本，和积极增加数字收入，都未能恢复巅峰时期的收益水平。我国报业的轨迹也大致近似，1985年广告收入增速84%，1993年增速133%，近年来却风光不再。风起云涌的新媒体不仅分走了受众的注意力，也切走了广告蛋糕。在上世纪80年代，报业广告占我国广告总经营的30%以上，90年代约占20%，2012年则刚刚超过10%。

与此同时，我国新媒体企业生如春韭，传统媒体单位的总数又基本不变，大多数需要自负盈亏，维持行业的平均利润率大非易事，经营部门不得不煞费苦心。所以接受采访对象的车资成为惯例，“有偿新闻”亦屡禁难止。在渠道稀缺时代，记者到处是

今日关注 | A09

福建打造 全国综合改革试验区

医改新经验 破除“以药养医”怪圈

让公立医院回归到公益性质、医生回归到看病的角色、药品回归到治病的功能，三明闯出医改的新路子

座上宾，甚至能与那些大人物卡恩、施瓦辛格比肩；在竞争激烈时代，记者已经与“盗”“火”齐名，几成普罗米修斯。

在某种意义上，新闻业长期以来有点“以药养医”的味道（新闻行业其实颇类于教育行业，而不是医疗行业；颇类于文化事业，而不是卫生事业）。那些年电台里的医生坐台节目，一度到了令人作呕，让整个行业蒙羞的地步，所幸汽车产业的兴盛，拯救了电台的灵魂。但是上市公司之于财经媒体，远没有完成这样的救赎。一个健康的生态链，不是蟑螂不死我死。

因此专业的媒体组织和整个行业的生态，需要优化。中国的传媒可能太多了，条块分割，进入难退出亦难，僧多粥少，包袱沉重，还必须达到一定的赢利水准，其实超过了市场的容纳能力。放眼未来，即便报纸衰退，新闻还在。即便新闻业衰退，信息业还在。新闻对于社会而言当然很重要，但是在互联网企业已经可以提供其中很大一部分的情况下，媒体行业的深化改革，势必将提上日程。

（作者支庭荣系暨南大学新闻与传播学院教授，陈梦圆系暨南大学新闻与传播学院研究生）

门户网站首页页面重构趋势

□阮志峰

阮志峰

随着用户体验更佳的大屏移动终端的普及和移动互联网江湖地位的确立，门户 APP 迅速取代网站 3G 版成为移动应用主流。与此相对应的，是一些小型或专业门户网站首页乃至下级频道栏目、页面的设计风格渐趋瀑布流和平板化。不过，对于寸土必争和惜字如金的大门户来说，网站首页和网站 APP 还是截然不同。这其中，固然有分众平衡的考量，更多的还是对用户上网习惯的深刻理解和眷顾。

即便如此，在内容为王和用户至上的大旗底下，门户网站的首页设计还是因应这一新形势的变化和浏览器技术的革新，或多或少地走上了改版之路，努力在大而全的密集发布中，在时间线之外，勾勒出一幅清晰的逻辑分类图表，演绎出与以前不同的亮丽风格。

一、一站式登录引领大数据应用时代

一站式登录或者叫通行证登录，在网易这种集邮箱、商城、博客、论坛、网游以及同城约会等多种应用于一体的综合性门户网站，已经应用有年。现如今，就算邮箱、论坛等应用不是你的强项，网站首页放一个登录框都成了业界标准，没有这个都不好意思在这个“云计算”时代混了。

一站式登录意味着什么？对用户而言，是一次登录、通行全站的服务，既免去重复登录同一网站各项业务的繁琐，更省去记忆多套账号密码的麻烦。像今年9月中国移动推出的通行证登录方式，就将旗下的飞信、邮箱、网盘等互联网业务一一应统一，很好地提升了用户体验。而对于网站而言，一站式登录意味着从论坛应用、新闻跟帖、微博微信分享到用户界面定制等，都能够轻松实现全网级别的大平台数据互动整合。由于搜索引擎、即时通讯乃至电商平台的数据积累和垄断趋势，行业网站的发展越来越受到数据来源和分析的瓶颈制约，而利用自身优势领域充分争夺、挖掘和利用海量数据资源，无疑对打破数据垄断提供了一种有益思路。特别是当网站能够利用大数据的分析结果结合个人的浏览习惯和偏好，进而有针对性地为用户提供特别的订制页面，那么网站的信息粘度、页面流量甚至是营收，无疑都将会有跃进式发展。

通行证登录（一站式登录）已成业界标准。

二、标签页应用拓展网页有效信息容量

早期的互联网站，主要通过使用导航条引导用户转入网站二级栏目，但是二级栏目和网站首页的点击相比往往落差巨大。由于综合类门户站点对首页内容的堆砌一直主导着用户的使用习惯，冗长拖沓的首页设计几乎是门户网站的主流样式。

用标签页应用来拓展网页有效信息容量成为行业趋势。

随着网页设计技术的不断发展和电脑终端以及网页浏览器性能的普遍提升，图片延迟加载和页面局部延迟加载渐次成为主流应用技术。与之相对应的，就是标签页和页面扩展阅读方式的普遍使用。这将帮助门户网站在内容定位和框架逻辑上的布局更易清晰合理，从而相对集中地展现同质内容，为用户带来更为轻松愉悦的信息获取体验。

日前，因应媒体融合发展的东风，南方网骤然发力，全新改版，在参考和吸收了当前互联网站建设中流行的方式和页面应用研究成果后，充分吸纳与整合媒体优势资源，在页面布局中引入了大量标签设计和大数据应用，对门户网站首页改革和用户阅读习惯培养进行了一些有益探索。

新版南方网首页整体页面长度较原首页有所缩减，而字号、行距等亦比原来大幅增加，但由于使用了大量标签页对版面进行折叠与整合，版式更为疏朗大方，排布有序。仅版面栏目数和网页链接数就分别增加了近1/4，图片面积更是达到了原版的4倍以上，版面容量得到了大幅提升，又降低了阅读疲劳感和信息查找难度，全面提升了阅读体验。

仅是新版南方网首页“焦点图”栏目，通过标签页技术的合理运用，从原来仅提供单类5张时事新闻图片滚动展现，扩展为根据网民各种喜好，提供新闻、娱乐、体育、通信、视频等多分类共30张（组）以上图片滚动展现，挟直接、生动和更具冲击力之优势，充分满足了网民在“读图时代”的视觉需求。

用标签页应用来拓展网页有效信息容量，已经逐渐成为行业趋势并为用户所接受。例如早期的百度搜索，

百度卡片原图

百度首页化简就繁试水标签页面应用。

主要以新闻、网页、贴吧、知道、音乐、图片等简单分类，引导用户使用有关搜索功能。但百度坐大以后，开始不满足于在单一领域的垄断地位，逐渐涉足到网址导航、软件开发与应用、大数据服务应用、移动终端服务等各个领域，以至“百度一下，你就知道”这句广告语连小学生都耳熟能详。而向以简洁著称的百度首页亦因之化简就繁，在搜索分类之外，新增了以“卡片”命名的标签页元素，提供导航、新闻、音乐、游戏等定制化、精细化内容，既扩充了网站首页的信息容量，也进一步提高了网站页面的点击率。同时，由于其较高的可定制性能，对于习惯简洁页面的用户或有特殊需求的网络用户，都能周至照顾，兼之国内互联网难有与之实力匹配的竞争对手，对用户忠诚度和点击转化率恐怕只有积极影响。

三、瀑布流布局带来的奇特体验

瀑布流布局的兴起也是近几年间的事情，其主要特点是放弃了网页整齐划一的布局观，一改网页绝对定位的传统，网站页面由众多相对独立的小数据块组成，且对任一内容框架的高度和宽度不作要求，彼此没有侧重却又能够在错落间和谐一统。而且，网页可以因应显示器宽度的不同或浏览器的缩放操作，自适应重新排版，用于图片展示能够给用户带来奇特而完美的视觉体验。

瀑布流布局在美国 Pinterest 网站甫一推出就大放异彩，并受到了业界的普遍关注和图片类网站的青睐。由于其自适应窗口布局的特性，网站在不同的显示器分辨率下，都能够重排页面元素，使页面得以在整个显示空间中完美呈现。不过由于瀑布流参差不齐的布局，用于图片展示效果固然不错，但并不适合展现过多的文字。同时，瀑布流布局虽然是对传统网页布局的一大革新和突破，但是其源于图片本身的视觉冲击力会给用户对图片的华丽质素带来更高的要求。因此，要想从瀑布流中脱颖而出，内容本身的质素和能够为用户提供的服务愈显重要。

除此之外，一些贴心的细节设计也被广泛应用于各大门户网站中，例如根据用户 IP 数据投放本地新闻及相干信息；长驻网站顶部，方便用户随时在栏目间进行选择的吸顶式导航；与标签页应用相若的，通过展开与折叠摘要内容来提升用户阅读体验的布局；为部分有特殊需求的访问者提供更好服务的无障碍导航功能和无障碍网站浏览辅助功能等。

四、高定制性门户网站首页设计设想

目前，门户网站提供的内容框架，仍然是基于网站编辑理念的信息传

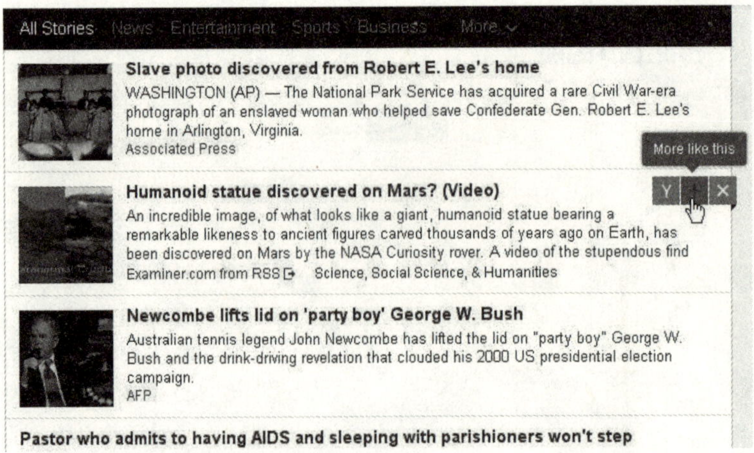

Pinterest网站引领的瀑布流布局错落而有致。

播模式。简言之，既网站提供什么内容，该内容在网站首页呈现的排版方式和位置、权重都相对固定，用户无法主导和左右。这和业界一直鼓吹的Web 3.0形势显然不相适应。

试想一下，在门户网站首页包罗广泛的分类中，用户可能仅对其中三、五栏目兴趣浓郁，又或者，有用户对IT、娱乐两类信息和本地新闻情有独钟，那大多数门户网站的首页对之而言，未免重点不突出和冗杂有余了。

早前，不少网站都会启用Cookie技术，为用户定制页面字体、配色等简单功能。随着一站式登录等大数据应用，更是为网站高定制性页面方案提供了可能。

事实上，像著名博客程序WordPress和其它一些文章管理系统，站长都可以透过后台对栏目进行简单排序，在首页选择性地呈现诸如点击排行、最新评论以及日历等控件。而大多数门户网站首页的框架结构设计在模块化方面也已做得相当完善，透过公用元素、框架预留等设计手段，可以说页面的高扩展性和高效重构性已有充分保证。

如果我们把网站页面高效重构的权限交给用户，用户只需要透过简单的设置和模块拖曳动作，就可以根据自己的审美情趣和兴趣爱好，对页面的配色、字体字距，以及页面栏目进行模块化移动、增删等操作，甚至我们在需要时可以把深藏于二级、三级栏目底下的某块内容置于网站头条醒目位置，这才是“我关注的，即是头条”了。我看我喜欢，能不开心阅读？

这和门户网站的专业化、本地化发展趋势是正相一致的。页面的高效重构是用户定制的第一步和最重要一步，我们甚至可以走得更远一些，借鉴掌上新闻阅读APP应用的一些成功经验做法，反哺到桌面电脑上来，用

Yahoo推送新闻给用户更多选择权。

应用软件的丰富设置功能来获取和筛选门户网站的海量信息，用之以取代一直以来占据桌面电脑的浏览器功能，或者对提升用户体验不无裨益。如此，我们面对的网站页面，就可以充分融合用户的“编辑理念”于其中，所见即所需，对于网站的粘度和点击的帮助不言而喻。

版面重构从大的分类上解决了用户阅读兴趣的指向问题，在具体的版块中，可缩放摘要内容和可删除推送的信息流列表，已取代单纯堆砌标题的旧有形式渐成主流，像2013年改版后的美国Yahoo网站，不惟用信息流的方式推送新闻，更在新闻与用户交互中走在了前面。Yahoo的登录用户，在将鼠标移到文章列表时，一个选项标签就会漂浮出来，用户可以在其中表达对该类文章是否感兴趣，网站亦可以因应用户选择在随后更精准的向用户推送信息。

事实上，借助大数据的应用分析，我们也可以透过用户在一段时间以来阅读文章的正负关键词等信息，来了解用户更为具体的阅读兴奋点，同时参考结合大多数用户感兴趣的信息内容，选择性地在相应栏目中进行推送播报，从而真正抓住用户眼球，提升网站的传播力和影响力。

（作者单位：南方网）

南方日报摄影记者　王良珏

功夫在“机”外

照片不仅仅是技术的产品，更重要的是一种情感的表达。面对同样一件事、同一个人、同一个场景，不同的摄影师有着不同的情感，而这种情感会很自然地呈现在你的照片上。是否动人，就看你的情感是否能引起读者的共鸣。所以，构图、用光、色彩等技术易学，但一个优秀摄影师的情感表达却需要天赋或者经验的日积月累。我明白自己没有天赋异禀，所以，只能寄希望于日积月累了。

▲ 2014 年中秋，最圆月亮。

▲ 2012 年 10 月 19 日，清远市山塘镇养老院，92 岁的何细妹（右）与 86 岁的刘青兰（左）面对镜头的时候竟露出了少女般羞涩的笑容。

▲ 2014 年 5 月 23 日，车窗外的小雨，伴着霓虹闪烁。

▲ 2014 年 5 月，广州某条街道，一只小猫冲着镜头吐起了舌头。

▲ 2014 年 8 月的一个傍晚，夕阳西下，余晖洒满北江。货船归航。

“平庸”的超现实：超视域的视觉秩序

■ 郑梓煜

▼ 王庆松《跟他学》。

刚刚过去的国庆黄金“粥”，车排长龙人挤肉饼的场景已是司空见惯，这些场景被拍摄下来成为假日疯狂的最佳注解。过去几年间，这样的优秀新闻照片并不鲜见，故宫、长城、高速公路、火车站都曾留下足以引发密集恐惧症的经典影像。

▲ 2012年10月3日，北京，八达岭长城迎来游客高峰。潘之望 摄/CFP

人们通常总是停留在吐槽与庆幸的层面去解读与传播这些影像，但如果视野溢出“新闻摄影”的界限，我们便不难发现，宏大规模的背后除了事件的离奇与震撼，还有视觉文化与图像传播本身的表意逻辑在起作用。那么，除了作为新闻的视觉证据去指涉一种被称之为“黄金周”或者“春运”的现象，用相机极尽所能地将单调重复的对象收入镜头中，究竟有何意义？

很多人都记得2011年，安德烈斯·古斯基（Andreas Gursky）的《莱茵河 II》在纽约佳士得拍出了434万美元的价格，而这并不是他的作品第一次创造摄影拍卖纪录。与价格相对应的，是他的作品永远有着巨大尺幅与繁复细节，从《99美分》、《期货交易所》

到《平壤》系列，他继承了贝歇夫妇开创的德国杜塞尔多夫学院的传统，把宏大与严谨推向极致。当他想尽一切办法，最终把照相机架到金日成曾经观看演出的位置去拍摄朝鲜的著名团体操表演《阿里郎》的时候，这种对规模与秩序感的追求早已不是单纯的视觉审美所能涵盖，而是一种视觉的政治解码术。画面的全景深效果与宏大规模的匹配堪称精湛，当照片最终以 3 米 ×2 米的尺幅呈现在观者眼前时，镜头成为检阅一切的“上帝之眼”，观者不由自主地凑近作品，在宏大的空间中寻找形如蝼蚁的人，在斑斓重复的色块中体验一种莫名的压抑。

还有迈克尔・沃夫（Michael Wolf）拍摄的香港，密集得令人窒息的高层建筑填塞满整个画面空间，制造了极度均化的秩序感；克里斯・乔丹（Chris Jordan）拍摄的废品（手机、轮胎、塑料、汽车），以难以想象的密集数量构成噪点般的同义反复，呈现的是触目惊心的后现代消费主义主导的疯狂欲望。而中国艺术家王庆松的作品中，现实场景以一种极端化的再现形式加以呈现，造就了独特而强烈的视觉特征，而且并非无病呻吟的技法游戏，背后皆有当下社会问题、全球化问题的严肃思考。

我把这一类作品所建构的特质，称之为“超视域的视觉秩序”，通过照相机的冷眼旁观与后期技术的精确重构，这种对规模庞大、形式趋同的对象的注视，创造了一种“平庸”的超现实：所谓平庸，是说如果抛弃这种超视域的视觉范式，照片中的任何独立元素几乎都不构成一种值得拍摄的对象，几乎都是无意义的碎片，但却经由“规模效应”与特定视角而被再现为一种超现实的对象与情景，通过庸常对象的大规模重复，建构了一种批判性奇观；所谓超视域，是指如果不借助照相机与特殊的后期技术，肉眼并不能直接看到并且感知这种对象所带来的震撼甚至颤栗。

而哪怕这些作品中很少出现明确而具体的人的形象，它们的最终落脚点，依旧是人的困境，是对工业化吞噬一切的指控，对极端消费主义的反思，对人的异化与权力对人的控制的警觉。

在新闻摄影领域，不少从业者惯于把这些作品简单地归入当代艺术的范畴，或因与己无关敬而远之，或还在以“摆拍抓拍”的古老教条冷嘲热讽，兼以对其价格神话嗤之以鼻，而丝毫没有觉察当下正在主导大众传播的视觉文化，是一种开放性的、整体性的经验，它并不以新闻和非新闻、艺术和非艺术而截然区分。传统新闻摄影那种寻找典型对象、经典构图、叙事高潮的手法，也常有力不能逮之时，而上述基于摄影的艺术创作，提供的恰恰是一种扁平化的、去叙事的视觉手法。

早在奥巴马就职典礼的时候，就已经有了数十亿像素的现场全景照片供大家细细玩味，而前两年的中国“两会”，南都摄影记者胡可的“亿像素”作品也被广泛传播。借助对技术的整合利用，新闻现场摄影也可以变成一种互动体验，而核心问题，便是对象的宏大规模与现场的仪式性。

他山之石可以攻玉，对非常规手法的借鉴，体现的是摄影记者从以往关注“事件”到关注“现象”的洞察力，在事件性的第一现场已经被手机与拍客占领的当下，从错失现场的挫败感中走出，尝试发现“平庸”的超现实，体会超视域观看带来的另类体验，不失为其中一种方法。

（作者系南方都市报编辑）

▲ 2012 年 10 月 03 日，来自五湖四海的游客们挤满了故宫。十一长假，故宫和天安门广场人满为患。陶冉 摄 / 京华时报

▲ 2012 年 9 月 30 日清晨 6:30，由于惠州方向车流过大，机荷高
坳收费站前堵满了汽车，不少车主下车休息。赵炎雄 摄 / 南方都市

▲ 2008 年 1 月 31 日下午，20 余万人滞留在广州火车站广场，难找立足之地的两人爬到公交站牌上。黄澄锋 摄 / 广州日报

▲ 安德烈斯·古斯基《平壤1》

▲ 王庆松：临时病房。

◀ 安德烈斯・古斯基《工厂》。

▲ 迈克尔·沃夫《密度（之一）》。

▼ 克里斯·乔丹《手机》。

当地时间 2014 年 8 月 30 日，利比里亚，埃博拉患者的家属站在安全距离外参加葬礼。 Kieran Kesner/REX/Sipachina

病毒蔓延时

2013 年 12 月，第一例埃博拉病毒感染者在几内亚被发现。4 个月以后，埃博拉病毒在西非的几内亚、利比里亚与塞拉利昂大面积爆发。这场失控的“大火”在半年里“烧掉”近半个世界版图，截至 2014 年 10 月 19 日，全球埃博拉感染人数已达 9936，其中死亡人数 4877。仅从数字来看，这次埃博拉疫情的爆发堪称史上之最。

刚看到这张图片时，我联想到的竟是 2014 年荷赛的大奖照片《信号》：同样举着手机，同样色彩饱满，同样从简单的画面中衍生出复杂情感，而且当它从图片故事中抽离出来的时候，你同样无法迅速利用画面内容了解整个事件。

但它却是这场灾难中不可或缺的一张。灰霾的天空下，那段用来解释图片的简单文字让整组照片的悲怆情绪升至顶点：埃博拉患者的家属站在安全距离外参加葬礼，由于疫情的原因，他们被告知至少一年内不能再来。

SIPA 图片社　翁倩

采写编

采写编

李军奇　你尽管上流，我执意下流

赵　孟　我为什么关心独龙江自杀

你尽管上流，我执意下流

□李军奇

李军奇

一

对名利，自古至今、庙堂朝野，都是明里躲闪，暗里追逐。名利，本不是什么丑事。国外的《名利场》吸引那么多大咖，为什么我们对名利如此皮里阳秋？也许我们一直经受道德原教旨主义者的遗毒——公开谈钱和名，是不洁的。那言外之意，则是背地里抢夺名利是正义的。很多中国人，不只这么信奉的，而且是这么做的。

但我们决心做一档中国精英阶层的“名利”栏目。2012年初，我所服务的《精英》杂志（原《名牌》）改版。郑重标榜，“在这里，读懂精英阶层”，杂志设计了主打栏目——“名利场”。我们想为“名利”正名——一切有人的地方，必是名利战场；事功和是非，并行不悖；看精英是如何追逐名利，并超越名利。

这注定是一场艰难的战役。犹记第一期做“庙堂经济学家”这个选题时的惶恐与紧张。杂志负责人再三强调，拍不到图片，选题就算失败。怀着炸碉堡的壮烈心情，我北上采访——如果此役失败，我打好背包走人。

与主办方周旋，与经济学家沟通；如何拉人拍照，自我介绍，我与同事一遍遍操练。同事说我的过分小心，都有点强迫症了。所幸，厉以宁、高尚全、张维迎，都来了，都被拍到了精彩的图片；也专访了华生等经济学家。

基本完成预期任务，它以原创的个性图片与有细节的特稿写作奠定了杂志介入精英人群的力度与深度。更深入，更生动，于是成了一期期封面专题的努力方向。如何找选题，如何拍到精美的图片，成为年度最大的焦虑。

和这些中国主流精英打交道，两年来感想颇多。可以此窥探中国精英阶层的社交特点和文化性格。

二

采访这些大佬，首先肯定需要电话联系。寻找他们的电话号码，倒不是一桩难事，关键是你的采访意愿能否被对方接受。礼貌起见，一般会先发短信说明采访意图。有人会短信委婉拒绝，要么说，最近日程很满，要么说对这个话题不感兴趣；有人会冷冷地说请找我的助理。更多的情况是，短信似乎射向了外空间，杳无音讯。

不管有戏没戏，短信之后就是直接打电话。这个行业最值得炫耀的牛逼行为就是，某某大佬请我在某高端大气上档次的场所喝茶聊天；我和某某大佬私交甚笃，他的个人传记就是指定由我撰写……电话很多时候，是空响，倒没有什么"欢迎致电某某公司"的手机铃声；有时被掐断；幸运的是对方接了，他让你找秘书，这意味着采访期的漫长——要预审采访提纲，要排采访时间。假若约访的是位女的，恭喜你了，拍照时的化妆师是必需要找的。不得不赞下唐骏，联系采访他，回信很快；每封邮件，他必

回复。业内传说，他能记起所有采访过他的记者的名字。

大佬的名片，亦蛮有看头。陈光标的名片是折叠四面，其中一面印着“祖国唯一，人民至上”等口号，一面印着个人头像和“中国大好人”等荣誉称号。黄鸣的名片，同样折叠的，折后的名片就比普通的大 1/3，一面上写着“微排地球战略首倡人、气候改善商城全球连锁总店长”，还有一面上全是以太阳能作为能源的产品。任志强的名片，以书法体写上牛气的名字。很多大佬的名片，上面是没有手机号码的。那摆明是不想被陌生人骚扰，于是要到他的电话，成了替换名片时的头等大事。马云的名片，总是不够的；和牛根生换名片时，他是笑眯眯的；柳传志的名片，只在江湖传说。

某日某场论坛，鄙人拿到俞可平最后一张名片，被一帮俞的粉丝围堵，强行索要过名片，有人用手机拍照，有人在炒联系方式。转过身和采访对象沟通完采访事宜，再回头，名片就不见踪影了。

大佬的名片各具风采。王健林的朴实，陈光标的炫耀，郭广昌的平和，黄鸣的大气，任志强的霸气，唐骏的简洁。但是，在我看来，没有一个大佬的名片设计得有型有格调。也许大佬才不在乎什么名片设计的精致有品，他们的名字就是招牌。

采访大佬，是一场场悲欣交集的过程。如约的采访，一般是在对方的办公室进行。基本的程序，首先是冠冕堂皇、客客气气的提问，暧昧和挑战的话题，总是在聊开了才敢递上。采访大佬，挑衅不是重点。“宾主双方在友好的氛围中愉快交流”，居然成了我们这类非时政类媒体理想的采访状态。

任志强接受完采访，当着笔者面，以一向的拽刀酷炫批评秘书：真是没事找事，耽误了一下午；华生，很是客气并令人意外地如约接受了电话采访；樊纲可以毫不留情地批评笔者的提问角度和方式；而张思之和茅于轼的风度，温铁军的守时和谦逊，则让笔者感佩不已。

三

有人说商人是一个很功利的群体，你不要指望成为他们的朋友。其实，何尝我们自身不是功利的群体？喜欢争抢采访最牛逼的企业家，喜欢自己的采访被企业家认同，喜欢企业家能受邀参加自家媒体举办的活动，喜欢更多的企业家记住自己的名字，更有甚者，希望自己的采访能赢来事业的转型，被某个企业家看中，延揽至麾下。

在中国采写企业家和商业史的作者，容易陷入测评界王自如的境地：号称保持独立，又不得不为企业家涂脂抹粉。当然，每人的“谄媚”程度不一。原因如下：一是不在“筷子”里挑旗杆，为“旗杆”谱曲，似乎接近不了“旗杆”；二是向来没有独立的媒体环境，写作大环境使然；三是喜欢大叙事，拿国外的企业家成长比附国内的。

自己做不到无功利，就不要奢求他人无欲无求。看清了这点，你就不会被过多的采访意外所纠结。如果你觉得伤自尊，那就早日放弃采访，如

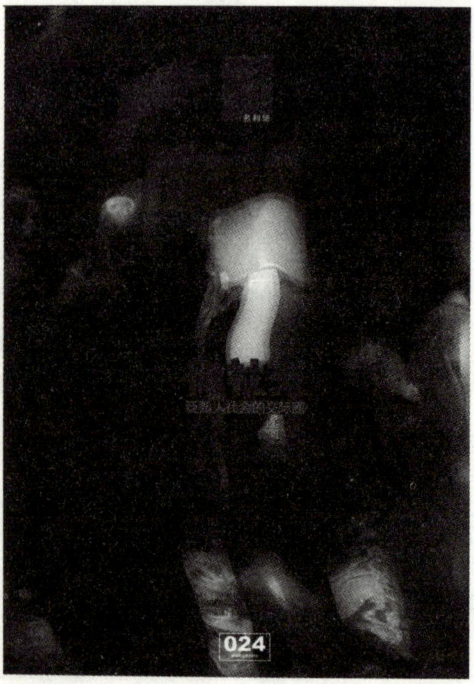

果你能有效化解，那恭喜你，你超脱了。"我本没想高攀成为人家的朋友"，以此心做事，说不定，还真能交到朋友。

有人说，你这下流阶层人的人，摹划人家上流阶层的生活和生态，苦逼不？人生哪处不苦逼！我这份差事，既能让我多了解社会又还有工资，为啥不干？最关键，谁让自己就长了颗好奇的心。观察完了，你尽管上流，我执意下流，井水不犯河水，相忘于江湖，多好。

一个专题，关注一个群落，时代的风呼啸而过，将他们吹成风雪中的雕塑，伟岸又牛逼闪闪。每个专题背后，都有我和同事的焦虑、较真和热情。显而易见，这个栏目采写的缺憾俯拾皆是。如果，我，更职业点，更勤奋点，文本的呈现可能会更好点。但人生的如果，多用来凭吊，无法假设。

（作者系精英杂志采编中心主任）

我为什么关心独龙江自杀

□赵孟

赵孟

2012 年冬天的一个晚上，我在云南贡山县独龙江乡的一个村子里，围着火塘听李林高讲述他的 3 次自杀经历。李林高是我在独龙江采访期间的翻译，他是一个 24 岁的独龙族小伙儿。独龙江位于云南省西北角，4000 多人的独龙族被围困在两边 3000 多米高的大山里，进出只有一条通道，且半年内道路会被大雪封堵，独龙江便与世隔绝。

这里也是中国最落后的地区之一，糟糕的交通成为掣肘当地发展的直接因素，许多青年人终其一生只能与大山和江河搏斗，山外的县城往往是他们到过最远的地方。但林高是幸运的，他甚至去昆明读过书，能说一口流利的普通话，谈吐和见识都与这里的人迥异，但他现在的生活却和村里没读书的青年无异。

那天晚上他喝了一些啤酒，说到难受的地方，他挥舞着酒瓶痛哭流涕。他说到父亲的早逝、昆明读书的不易、回到独龙江的迷惘，说到他寻死的原因和经过。我渐渐对他感到陌生起来，他再不像平日那个礼貌得有些胆小的孩子。我试图安慰他，可在酒精刺激下他的情绪逐渐失控，哭声最终变成吼叫，而后摇摇晃晃站起身狠狠地甩着膀子，在火光的映照下像一个可怕的魅影。

一

次年春天，我回到昆明，那一夜的场景却不时闪现在脑海里。我为这个年轻人深藏的痛苦而揪心，更为这里如此大面积的自杀却被无视感到震惊。随后，我写了十多万字的关于独龙江的文字，囿于种种原因却未触碰自杀的话题。这似乎成了我的一块心病。

直到今年6月，在我采访过的迪政当村，一个月内连续3人自杀，我意识到这一问题不能再被无视，遂第三次前往独龙江，采写了“西南秘境深陷自杀怪圈”的报道。

时至今日，我并不认为我的观察和思考破译了独龙江自杀的密码。记者毕竟不同于学者，在有限时间内无法做到论文要求的深度，因此所谓深度报道，不过是更为细致、客观和全面地呈现事实罢了。这也正是新闻报道的应有之义——如实揭示问题，迫使政府职能部门和社会重视。

由于之前已经两次前往独龙江，且第一次在当地待了近半年，各种素材已有相当积累，这次前后只在独龙江待了一周。我采访了最近3名自杀者的亲属和村民，询问他们的短暂一生中的故事，梳理他们出事前的蛛丝马迹——这往往是此类报告记者最常用的做法。但他们的一生几乎找不到有价值的故事，单薄的人生除了田间劳动就是打猎捕鱼，独龙人没有外出打工的习惯，偶尔需要变卖农产品才会到县城。换掉名字和年龄，所有人的故事都是一个版本。

采访结束后，写稿成为一个难产的过程。这大概是我写过的最痛苦的一篇稿子，我在贡山县城的小旅馆来回踱步，试图回忆自己经历过的最痛

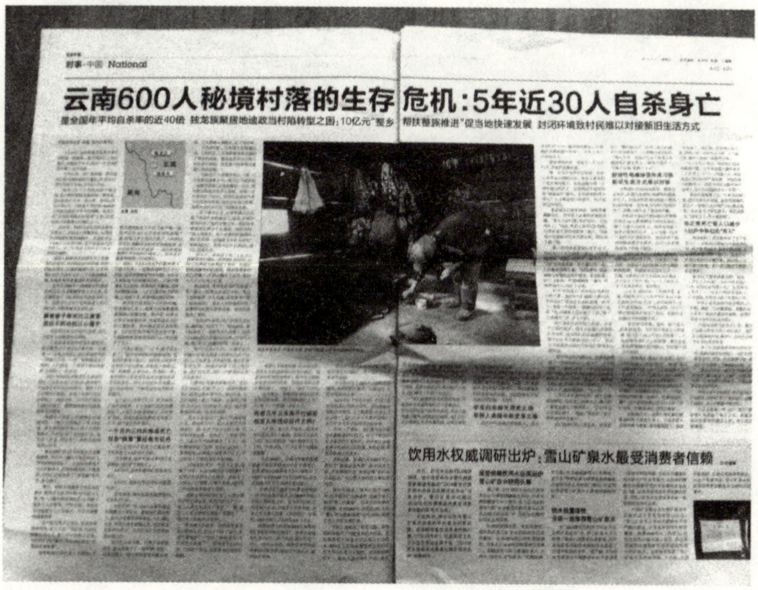
时事·中国 National

云南600人秘境村落的生存危机：5年近30人自杀身亡

饮用水权威调研出炉：雪山矿泉水最受消费者信赖

苦的事，可即使那时我仍没有动过哪怕一丝自杀的念头。那么他们呢，是怎样的疼痛才可以让一个人放弃自己的生命？又是怎样的痛苦，让一个群体前仆后继奔向死亡？亦或许，我的推测完全错了，死亡在他们看来本就是一件稀松平常的事，无需大惊小怪。

几番权衡，我选择了最初的判断——我不认为独龙人普遍漠视生命，他们或许遭遇了我们无法看见的心理危机，这也成为报道的最终指向——没有人能破译这些非正常死亡背后的密码，但凶险的自然环境、封闭的社会观念、泛滥的酗酒文化，以及传统生活方式在外力介入下不断崩溃瓦解，却是所有死者遭遇的共同现实。

这有赖于我搜集到的丰富素材，经过对历年自杀人数、男女比例、区域分布的比对后，发现了不少有价值的线索。虽然自杀在独龙江历史上都较为频繁，但1999年和2009年是两个关键节点，节点之后自杀人数迅速上升。而1999年，进出独龙江的唯一公路打通，外来文化开始进入；而2009年，大规模的扶贫项目展开，大量外来者涌入封闭的峡谷。

从地域上看，北部的迪政当村自杀人数最多，那里也最为封闭；下游的钦郎当几乎找不到自杀者，这里与缅甸交流频繁，深受基督教文化浸淫。而乡政府所在地孔当，自杀人数亦较多，这里也是外来人口的集散地。这是一个颇有意思的现象。

迪政当：
偏僻独龙村来了个“异类”

二

照例说，这样的“猛料”理应上头条，但遗憾的是，稿子只是刊发在《东方早报》上，并未上传电子版。而当时“澎湃新闻”并未上线，稿子传播受到极大限制。

这让人颇为伤心。每个记者都希望自己的稿子被广泛阅读，于我而言这不仅仅是所谓的成就感，更希冀广泛的舆论关注能够给官方以触动——在高歌猛进的扶贫开发中，投入适当的精力关注这群原住民的心理状态。我想到三次自杀未遂的林高，没有人知道他是否还会寻短见；还有那些我昨天在路上遇见、今天就草率了断自己的老百姓，没有人知道下一个吞食草乌（断肠草）的人是谁。一个群体正在遭遇的自杀魔咒，媒体不应视而不见。

实际上，独龙江并不缺乏关注。这里不乏各地甚至央视的记者到访，许多搞民族学和人类学的学者也深入做过研究，但为什么自杀问题一直未被引注意呢？进出独龙江的道路极度凶险，记者们多数不过走马观花，且很多时候到访独龙江承担的是宣传任务，难以捕捉到隐蔽的自杀线索。而学者们的著作大都限于圈子内交流。至今，我也只在云南大学教授郭建斌的著作《边缘的游弋》中看到部分的讨论。受众的不同，决定了它难以在大众读者中激起舆论声浪。

有意思的是，封闭的贡山县政府还是看到了报道，这要感激微信公号的作用。当时的报道除了刊载在纸质《东方早报》上外，还同时分享在澎湃新闻运作的“绿政公署”和“一号专案”等几个公共账号上。我在当地的朋友在微信朋友圈分享了报道，随即在怒江州官场传开了。

报道刊发第三天，我收到消息说，贡山县政府下发通知，要在全乡展开自杀数据调查，“给媒体的报道一个交代”。我本以为他们开始重视此事，但事后的反馈的信息证明我显然过于乐观了。他们的极度敏感倒也是一件值得玩味的事。

大约一周之后，贡山县政府给报社发来一份函，指责我们的报道“不实”和“夸大”，对自杀人数、陈英的死因、官方调查和非正常死亡的认定问题，提出异议，最后要求我们删除报道。来函完全无视了我们报道的自杀现象，未说明他们采取何种应对之策，而是着急对报道中可能存在的争议加以指责，这就是他们“给媒体的报道一个交代”。

后来我才知道，当地官方的反应远远超出了我们的想象。给我提供消息的村民半夜被派出所叫去谈话，另一名帮助过我的政府机构人员也备感压力，而对酒后意外身亡的陈英，下葬近一个月后被开棺验尸。

这是一个让人失望的结果，我在出差的途中给他们做了一份回函。我有足够的证据证明报道的基本事实无误，对争议问题也说明了我们的信息来源，并建议他们与其在稿子中挑刺，不如多投入些精力关注事件本身。

其实，对当地政府而言，独龙江自杀现象并不是多么“负面”的事——这与那些冤案和强拆不可同日而语。自杀现象有着复杂的诱因，无关政府

A26 封面报道

独龙江：阔别一年再观察

A27

的直接作为，我们的报道也并非追责，而是希望引起政府的重视，仅此而已。但贡山县政府的反应，却让我感到从未有过的错愕。

这或许与当地政府常年的意识封闭有关。贡山属于云南最偏远的一个县城，偏远得连拆迁都无法到达；它同时也是一个国家级贫困县，人们普遍仍在为填饱肚子奔忙，扶贫工作成为从政府到民间的头等大事。也因此，这里的社会矛盾反而较少，政府也缺乏面对媒体和危机处理经验。

近些年独龙大局扶贫开发，有关这里的新闻几乎都是宣传扶贫工作的辉煌成绩。久之，官员们似乎以为媒体本就是应该是宣传工具，不知道呈现真相和舆论监督也是媒体的本职。所以，他们也就无法理解我为何要去关心这样一个偏僻之地的自杀现象。

这让我想到一件小事：独龙江隧道贯通时，我前去采访，因为需要一些资料，不得已联系一位当地宣传系统的人员，她对我的到来感到惊讶不已："我们都没有邀请，你怎么来了？"

而我最关心的是，那些思维迟滞的官员们，何时才能直面媒体揭露的问题？

（作者系东方早报/澎湃新闻记者）

日本右转背后的新闻业动向
——战后报纸“同质化”问题及变迁

□高井洁司

高井洁司

战后长期以来，日本报纸的“同质化”问题曾饱受指摘。但是，近来日本全国性大报论调各异，突出表现在第二届安倍政权制定的改变战后日本安全保障战略基础的一系列行动的报道上。2014年9月，日本新闻协会旗下的专业性期刊《新闻研究》策划了以《集体自卫权与报道》为题的特辑，从中可明显感受到各报报道力求与他报不同、追求差异的一面。那么，日本的报纸为什么会有从“同质化”到“差异化”的转变？话说回来，日本报纸“同质化”的含义是什么，其背景又怎样，本篇文章试着解答这些问题，并来对日本报纸的现状和未来进行观察和展望。

一、战后各报社的新闻理念——反省“服务军国主义”

日本的报社都有自己的编辑方针，作为基本的新闻理念。这些基本的理念并没有太大的不同。总体来讲，各报都在为自己战时沦为服务于军国主义的工具而反省。战后不久，各报均倡导自由、人权、公正以及和平主义的理念，来宣传日本的新生。然而这些都是基本理念，未必完全贯彻到日常的编辑方针中去。造成日本报纸“同质化”的更与其拥有世所罕见的数百万发行量密切相关。为了保持庞大的发行量，报纸不去追求与众不同的主张主义，而坚守贯彻中立、公正、唯事实论的原则。比起故事性、意见和评论，日本报纸更注重记录和事实。所以，对同一事件做报道，即使各报所载内容有细节上的不同，但也是大同小异。

朝日新闻纲领：
坚持公正中立的立场，贯彻言论自由，为建成民主国家和确立世界和平做出贡献。
基于正义与人道，为实现国民幸福献身，摒弃一切违法与暴力，同腐败做斗争。
公正迅速地报道事实真相，追求公平公正、具有进步精神的评论。
常怀宽容之心，注重品位与责任，尊崇清新稳重之风。

每日新闻宪章：
确保言论之自由独立，真实迅敏的报道，唤起公正的舆论。
通过全体从业人员齐心运营，贯彻作为社会公器的使命。
立足社会正义，尊重自由、人权、劳动。
以民主主义为准则，推进文化国家建设。
基于国际诚信与道义，为确立世界和平做出贡献。

读卖新闻信条：
读卖新闻追求负责任的自由。
基于个人尊严和基本人权，以实现人文主义为目标。
立足国际主义，为日本及世界的和平、繁荣做出贡献。
以追求真实的公正报道、勇气与责任兼备的言论来回报读者的信赖。

二、国民“中产意识”与报纸“同质化”相辅相成

与报纸“同质化”密切相关的是日本国民的“中产意识”。战后日本“一亿中产”具有浓厚的“同质化”意识，而报纸也迎合读者。根据日本政府从1958年开始进行的《国民生活舆论调查》结果显示，有关对“自身生活水平”认识，认为自己处于“中游水平”（包括中等偏上、中等、中等偏下）的受访者1950年代后期为70%，高速经济增长期的1960年代后期则升至80%，1970年代以后竟上升到90%。“中产”国民的“同质化”意识促使报纸的论调趋同。

战后日本的民主主义社会，虽然普遍把读卖新闻、产经新闻划分为偏右保守派，朝日新闻、每日新闻归类为偏左革新派，但是以国民的“中产意识”为基准看，偏左和偏右之间并无太大差异。报社间的“独家新闻”竞争，重视的是比速度。在重大新闻事件上贻误时机了的媒体会马上跟进对同一事件进行报道，并且在后续报道上展开新一轮的激烈竞争。也就是说，各报更重时效性，而对独特性则明显冷淡。

三、美国知名记者眼中的日本报纸报道

虽然有关日本报纸报道“同质化”问题，日本学界更倾向于批判其表象。但是，美国学者从日美比较出发，对日本报纸“同质化”现象作出了独特解释。

上世纪70年代后期，华盛顿邮报前东京特派员唐·奥博多佛尔（后任约翰霍普金斯大学美韩研究所理事长）在与日本著名评论家立花隆的对谈中，比较了日美两国报纸的异同。

奥博多佛尔提出以下观点：

（1）日本报纸的优势在其速报性强、涉猎范围广泛、版面内容包罗万象。不过同时也存在缺乏深度的不足。

（2）日本报社不惜起用大量优秀人才，组织规模强，擅长团队合作。而美国的报纸则是彻头彻尾的个人主义。

（3）美国报社没有日本那样的庞大记者群，因此记者们的精力只投入到那些真的能成稿子的新闻上。而日本的报社会派记者专盯各党各派和特定采访对象，专任各类记者俱乐部记者，虽然何时有新闻事件无法预知，但是“信息源”是绝不间断的。

（4）在美国，记者为个人扬名而工作。在日本，记者则是为了媒体企业的信息收集和积累而工作。如果说最后被报道出来的新闻是浮出水面的冰山一角的话，那么日本报纸的采访对象就是水面下的整座冰山。这座“水下冰山”虽然是采访对象，却并不会被完全报道出来。美

『新聞研究』目次 2014年9月号（No.758）

集団的自衛権と報道

深みのある論戦の場づくりを—民主主義の在り方の根幹を考える
| 加藤 雅規（北海道）

問題の本質と多様な視点を提示する—わかりやすく伝えるため試行錯誤重ねる
| 伊藤 厚史（朝日東京）

冷静な分析とわかりやすい解説目指す—22年前のPKO法案審議の経緯を踏まえて
| 原田 哲哉（読売東京）

「当事者」目線の報道に留意—沖縄の地元紙として
| 石川 達也（沖タイ）

自衛隊員の声から考える—求められる現実的な議論と国民の合意
| 滝野 隆浩（毎日東京）

集団的自衛権に関する社説・論説一覧（2014年5月1日～8月16日）

NIEの現実と今後の課題—全国大会の開催を通じて見えたもの
| 三谷 徹（徳島）

危険ドラッグの深い闇を伝える—一過性の問題にしないために
| 林 奈緒美（毎日東京）

松本サリン事件を語り継ぐ—20年を経た関係者の思い伝える
| 小松 恵永（信濃毎日）

「差別的日常」に気付かせる報道を—東京都議会やじ問題から考える
| 好井 裕明（日本大）

〔メディアスコープ〕 韓国メディアの現状—危機に直面する新聞
| 韓 永學（北海学園大）

国记者通常是专注报道浮出水面的冰山一角，而很少将采访拓展到水面下。然而一旦他们从水上的冰山一角察觉到冰山下面的存在，就会下大力挖下去。

（5）在日本，编辑部门任意修改、加工记者的稿子是很平常的事情，但这在美国则极为罕见，一旦发生必然会引发纠纷。

在此基础上，他提出，“报社与报社之间竞争激烈的日本报纸，其竞争的危害表现在两个方面，其中之一就是报纸版面的同质化问题”，“以一个美国报人的视角看，各报版面千差万别是理所当然的，像日本报纸这样，以同样的方式刊载同样的新闻，反而令人不可思议。但日本的报社记者却超乎寻常地在意‘独家’与‘漏报’”，“日本的报纸因为是集体作战，对手每发一个独家，都意味着己方团队的失分。为了避免失分，别家有的内容我们也一定要有。这样的竞争越激烈，各报也就越趋向同质化”。

奥博多佛尔在与立花的对谈中精辟地阐释了日本报纸“愈竞争愈趋同”现象的结构性原因。然而近年来，日本报纸的这种“同质化”正在被打破。

四、去“同质化”的背后

随着互联网的普及，报纸订阅人口开始下滑，因此即使是经营根基坚实的日本报业也出现了衰落的迹象。如今报业的竞争开始上升为存亡攸关的较量。在这种背景下，各报开始去“同质化”，明确追求与众不同，力图用独特的论调来吸引读者。

比如，在诸如东日本大地震后核电站的重启、允许行使集体自卫权这

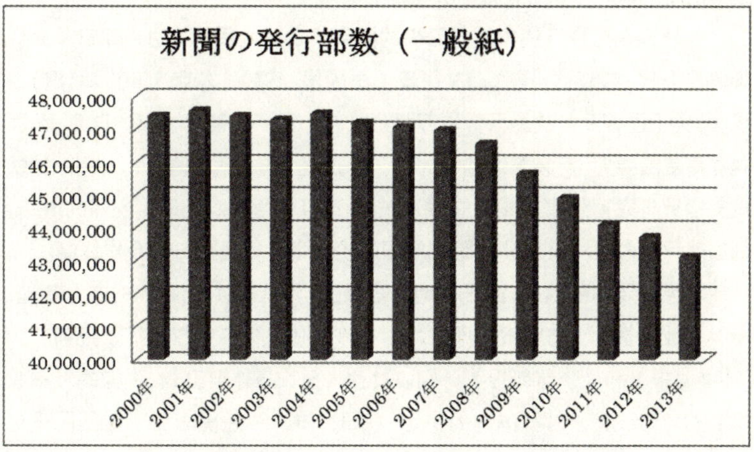

图为2000年—2013年日本日报发行总量图

些涉及安倍政权重塑“战后”体制的重要问题上，各家报纸的论调出现了明显的差异。如果回溯历史，在20世纪80年代和90年代，也曾出现过引发国民意见严重分歧的议题，但当时的报纸并未显示出截然不同的论调。

然而，这种竞争并非像美国报纸那样，从选题到选材都风格迥异，而是选题与选材如出一辙，论调却南辕北辙。保守派的报纸其保守论调更趋浓厚，而革新派的报纸其论调更添革新色彩。

这两大潮流的对立，正体现在最近的新闻报道中，比如，重启核电站以及允许行使集体自卫权这些涉及重新审视日本战后体制的问题上，日本舆论产生了巨大分歧。而针对这些问题的报道上，新闻界也形成了朝日、每日、东京新闻对决读卖、产经、日经新闻的两大阵营。

下面，笔者以集体自卫权问题的报道为例，探讨一下日本报纸去“同质化”的本质。

《新闻研究》策划的特辑《集体自卫权与报道》，对各大报社5月1日至8月16日关于集体自卫权的社论以及评论文章进行整理。

例如，在5月3日宪法纪念日当天，朝日和每日分别刊登题为《安倍政权与宪法 切勿破坏和平主义》以及《集体自卫权 不经修宪则不容行使》的社论，对安倍政权允许行使集体自卫权以及修改宪法的动向进行了批判。

与此相对，读卖的社论《通过集体自卫权提高威慑能力 变更宪法解释不违背立宪主义》则对允许行使集体自卫权表示支持。产经更以《以允许集体自卫权为起点 始终不渝地朝着修改宪法第九条的目标迈进》为题，要求修改宪法。

另外，东京新闻2日的社论《思考宪法 准备面对战死》以仿佛到了战争前夜的口吻来彰显问题的严重性。

此外，在允许行使集体自卫权的内阁决定通过后，一边是朝日《允许集体自卫权 超越这一暴行》、每日《由国民叫停》、东京《允许集体自卫权 无异于放弃9条的暴行》展开强烈批判，另一边读卖《集体自卫权 面向提高威慑能力 意义深远的“允许”》、产经《与“爱莫能助”诀别 加快日美指针与完善法律方面的应对工作》、日经《通向以互助固安保的道路》则高度评价内阁决议，呼吁警惕中国的扩张主义，强化日美合作体制。

顺便需要指出的是，由于各地方报纸的论调都以共同社的报道为基础，所以其社论基本上与朝日相同，均对允许行使集体自卫权进行了批判。如《冲绳时报》和《琉球新报》分别以社论《允许集体自卫权 失控的轻率政权》和《修改宪法解释的内阁决定 将日本推向“恶魔之岛”置国民于险境的暴行》来抨击内阁决议。

像这样的论调对立，不仅限于社论，也见于普通的报道中。例如，安倍首相在5月15日的记者会上表明了内阁决议通过允许行使集体自卫权的方针后，各报的版面也迥乎不同。读卖头版以“对‘有限’行使集体自卫权开始进行协商”“重新审视宪法解释”“争取下月内阁决议”等标题对政府方针轻描淡写。

与此相对，朝日新闻“讨论行使集体自卫权”这一大标题虽显冷静，但副标题“专守防卫 巨大转折”则带有批判色彩。另外作为配稿，朝日新闻还刊登了其政治部长的专栏文章《最后的防线是否将会失守》。至于东京新闻则以醒目的大标题“‘将国民送上战场’之路”配以评论部主笔的专栏文章《莫忘大战的悔恨》，警告称：“允许行使集体自卫权是抛弃和平主义，无异于建议日本走向可以参战的普通国家。”

朝日新聞
11月20日
火曜日
額賀氏側、入札で「口利き」
「守屋氏を通じ」
額賀氏側「一切ない」
タクシー参入 厳格化
仙台は新規禁止へ
首相、各党首と会談へ
補給支援法案協力求める
東京☆☆☆8店
ミシュランガイド
オルガノ

颇具意味的是，各报的论调虽然大相径庭，却均将安倍首相记者会的报道放在了头版，并采取相同的组版模式，将政治部长或评论部主笔等代表报社的资深记者所执笔的专栏文章作为配合稿件。而且读卖新闻政治部长的专栏更以《吉田茂会怎么做》为题，猛烈抨击朝日新闻等报的理想主义，并极力主张读卖的现实主义，引发了广泛关注。吉田茂在战后曾连任多届首相，一方面他促成了《旧金山和约》的签订，结束了同盟国对日本的占领，实现了日本的“独立”，是一位实力派首相；而另一方面他也因在“放弃战争”的和平宪法框架下通过修改宪法解释创设自卫队而为人们所熟知。

这篇站在读卖式现实主义立场上的专栏文章，与《东京新闻》和《朝日新闻》那种煽动紧张情绪的文章相比，或许更具说服力。但在吉田通过修改宪法解释创设自卫队的时候，正值东西方冷战、朝鲜战争如火如荼之际，况且长期以来，历代自民党政权都将集体自卫权判定为违宪。因此在60年后的今天，再用当年吉田修改宪法解释这一依据去评论允许行使集体自卫权的决定，这本身就需要画个问号。

《新闻研究》的特辑中，各报社代表撰写论文，阐述各自关于“集体自卫权”所持的立场和方针。其中《朝日新闻》政治部副部长伊藤厚史在其论文中特别披露了一些内幕，比如，“关于一系列的特定秘密保护法报道，有读者来信反映问题，指出朝日‘只刊登反对意见’。我们从中吸取了很大教训，有意识地呈现截然相反的意见，或者是提供新颖的观点”。而作为“提供新颖观点”的例子，伊藤介绍了朝日新闻“质问集体自卫权系列”报道，该系列报道在3月到6月期间对大约60位有识之士进行了访谈。

笔者通过检索朝日新闻电子版，对这一系列报道中所选取的有识之士的意见进行了查阅。查阅后发现，此前从未在朝日出现过的保守派人士的声音确实得到了反映，但是综合版上刊载的第一部中，持反对意见的15人、赞成的9人，中立的2人；6月社会版上刊载的第二部中采访的30人均持反对意见。这种结构实在难以谓之中立。“对一贯的解释进行大幅改动的‘修改宪法解释’‘岂不是偏离了立宪主义’”——很显然朝日是站在自家立场上对上述论点进行解读。而为了解读这一论点而进行的采访报道，终究还是传达了反对的声音。

反观将朝日的论调视为“重复喊口号式的议论”、“纸上谈兵”的读卖新闻的立场（编辑部总务原田哲哉的论文），在强调“冷静的分析与通俗易懂的解说”时，也只是对安倍首相允许行使集体自卫权决定过程进行了“冷静的”、“通俗易懂”的解说，最终还是归结到赞成论的立场上。

从上述的分析我们可以看到，所谓两大潮流，只不过是战后民主主义框架下理想主义与现实主义的对立，而从新闻报道的角度看，并没有什么太大差别。去“同质化”也只是强调体论调的差异，在新闻报道的选题、选材以及新闻价值的判断上并没有得到充分体现。

五、去“同质化”的影响以及日本报业的隐忧

综上所述，随着地震引发的核电危机以及对战后秩序的重新审视，曾经作为战后日本报业特征的“同质化”与“一致性”正在渐渐消失。而其所带来的影响也在慢慢体现出来。2014年8月以来，发生了足以动摇整个报业的事态，即针对过去的“从军慰安妇问题”、“吉田笔录”（政府事故调查委员会对东电福岛第一核电站站长吉田昌郎所做的调查笔录）等报道，《朝日新闻》承认了其误报的事实，决定撤回报道并进行了谢罪。对朝日新闻长期不承认误报，拒绝刊登著名评论家就此问题撰写的评论文章等行为，社会各界批判声高涨。对此，读卖、产经未能将误报等问题作为新闻业界普遍问题来看待，而是刻意营造出对立的局面，借这些问题来批判《朝日新闻》。他们在报纸上掀起批判朝日运动的同时，在销售上也展开了攻势。

产经新闻前主编青木先生曾表示，战后日本的报纸是“以朝日为教科书”的，如今正是这个“教科书”陷入了危机。战后日本新闻业艰难地守住了民主主义，并代替弱小的在野党对自民党政权进行监督和批判。而今“朝日危机”的发展趋势，有可能决定着日本新闻业是否会走向崩溃边缘。可以说这种可能性正在提高。

（作者系日本北海道大学名誉教授、樱美林大学教授；翻译：武伟宸、鲁诤）

传播偏向论下的共谋：莫言获诺贝尔文学奖报道分析

□王月

王月

诺贝尔文学奖（以下简称诺奖）今年花落法国。作为世界上评选范围最广、历史最悠久、授奖金额最高、最神秘的文学奖，每年的评选结果都成了世界媒体及文学圈瞩目的事件。百年诺奖曾长期与在华人士无缘，以致中国媒体的相关报道始终带有浓厚的诺奖情结：对诺奖极度渴望，求之不得，甚至产生曲解与忿忿不平之心——诸如诺奖看重政治因素、倾向授予政治异见人士、获奖作品需具有理想主义倾向等等揣测性报道。而2012年我国作家莫言获得诺奖后，传统主流媒体则较为一致地肯定诺奖文学标准的唯一性及其意义的重大。国人的表现更是复杂，关于莫言、关于诺奖滋生了诸多谣言与新闻事件："马悦然受贿"、"张一一裸奔"、"莫言代言烟酒"、"创建莫言文化体验区"、"关于莫言双重人格的讨论"等。很多之前不知莫言其人，更不知道莫言有哪些作品的人开始购买莫言的图书。

本文想借这一新闻事件探寻在诺奖的报道中，不获奖与获奖的报道形态有何区别？传统主流媒体与网络媒体（本文主要指新浪微博）的报道内容与报道形态有何异同？在2012诺奖报道中，传统主流媒体的报道想突出什么？极力解释什么？引导什么？这种引导又是否有效？而网络媒体对诺奖的讨论又集中在哪几个方面？传统媒体对其是否有回应？传统媒体与网络媒体最终又建构了怎样的一种关于诺奖的新闻报道形态与话语场域？

最后关于我们极度重视又终究如愿以偿的诺奖，又该如何报道?

一、“莫言获诺奖”的报道情况

本文数据采集日期为2012年1月1日至2013年8月31日。采集方法为从中国知网重要报纸数据库中以“诺贝尔文学奖”为关键词进行题名检索，除去区域性报纸后共产生有效样本36个，即样本来源于全国性主流报纸。

1. 媒体分布：《光明日报》报道最多

从报道数量看，《光明日报》对2012诺奖的报道最多，而关于2011年诺奖的报道只有一篇，2013年有两篇。可见由于2012年诺奖的获得者是中国人，《光明日报》作为全国重要的党报用了大量篇幅进行报道。2012年10月12日颁奖当天，近千字消息刊登在头版。这是在莫言作品解读中动用版面最多的一家报纸。除党报外，诺奖报道主要出自专业类报纸，如：中国艺术报、文学报、知识产权报和文艺报等。

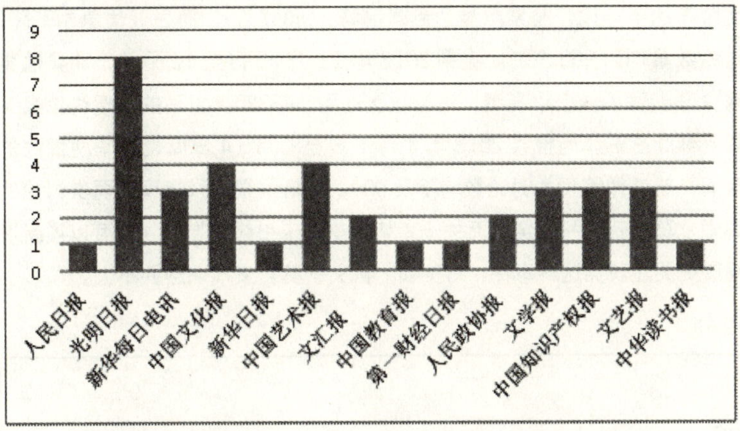

图1　国内主流媒体“2012诺贝尔文学奖”报道数量

2. 时间分布：报道集中于获奖一周内

从主流报纸的报道时间分布看，关于诺奖的报道主要集中在获奖的一周内，在之后呈逐渐递减趋势。除莫言12月5日从北京出发，12月10日举行颁奖典礼的一周内有3篇报道外，之后的3个月则没有任何相关报道。直到2013年4月，2003年诺奖获得者库切来华参加第二届中澳文学论坛，会中与莫言就诺贝尔文学奖及意义进行交流。随后就同一消息，几家报纸共刊发 4 篇相关报道。即关于 2012 年诺贝尔文学奖的报道，传统主流媒体报道共出现了三次高潮：获奖、颁奖和库切访华，但后两次明显弱于第一次。

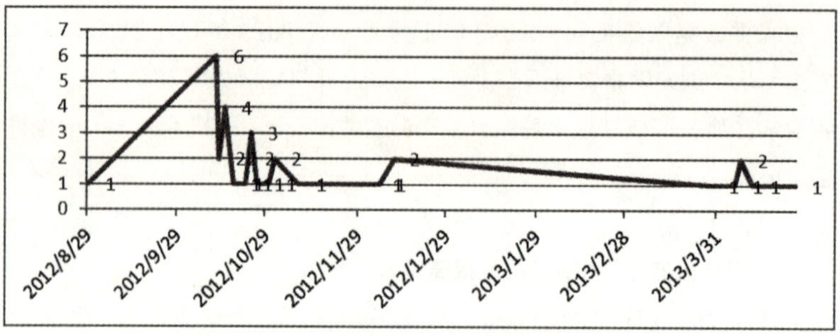

图 2　国内主流媒体“2012 诺贝尔文学奖”报道的时间分布

在新浪微博搜索中以“诺贝尔文学奖”为关键词进行搜索，时间跨度为诺奖公布前一周的 2012 年 10 月 4 日至莫言瑞典颁奖后两周的 2012 年 12 月 23 日。从检索结果看，诺奖公布前一周新浪微博相关讨论为 0，诺奖公布的第一周，检索数量达到最高峰为 6047399，随后五周急剧下降，讨论数量均为 900 左右。直到 2012 年 11 月 29 日至 12 月 7 日瑞典颁奖前夕又出现了一个小高潮，讨论数量达到 148320。之后的一周讨论数又降到 900 左右。而检索 2013 年 4 月 1 日至 4 月 14 日库切访华两周内的时间，新浪微博相关讨论数均不及 900。即新浪微博只出现了两次讨论的高潮：莫言获奖和颁奖。而关于库切访华并未引起网友关注。可以说新浪网友更关注获奖这一事件，对奖项的含义、莫言文本兴趣并不大。

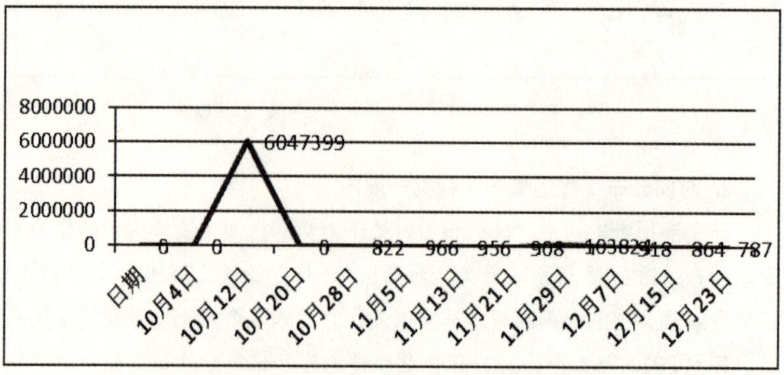

图 3　新浪微博关于“2012 诺贝尔文学奖”讨论的时间分布

二、传统主流媒体：突出、解释、引导

1. 突出：中国国家形象

从图 4 可看出传统主流媒体关于 2012 诺奖报道的内容主要集中在莫言作为首位获诺奖的中国作家其获奖对中国文学在国际文坛的地位，中国文学的国际化，甚至中国崛起的影响及其意义。这类报道实则是传统主流媒体有意借此进行国家形象的媒体建构，也是国人具有深厚诺奖情结的一种表征。诺奖实则只是一个欧洲国家颁发的世界性文学奖项，只是对符合奖项标准的作家作品的一种肯定，仅一个文学奖项并不能负载国家形象的建构。媒体塑造的“文化大国”只是媒体在信息传播过程中对国家客体形象建构的镜像，未必与海内外受众对中国国家的认同形象相符。

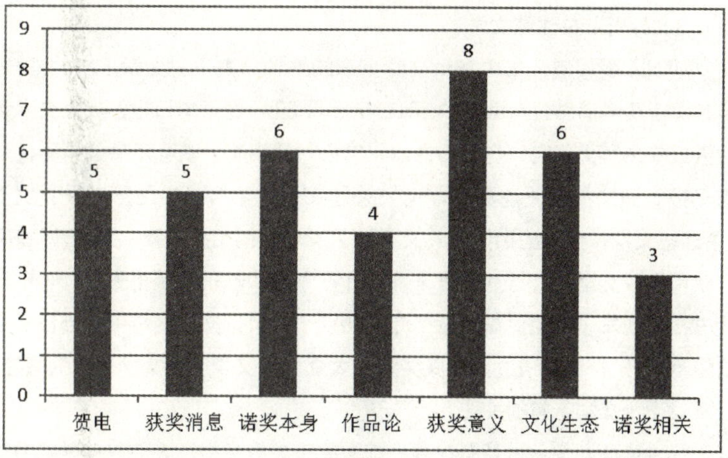

图 4　国内主流媒体“2012 诺贝尔文学奖”信息内容分类

2. 解释：去政治化与政治化的解读

从图 4 看，报道其次集中探讨诺贝尔文学奖这一奖项本身的争议性，试图反驳“2012 年诺奖颁给莫言存在政治因素的考虑”、“莫言的《蛙》作为‘中国特色’的展示意在迎合诺奖的评委”等言论，进而强调莫言获奖文学因素的绝对性。如 2012 年 10 月 22 日，《第一财经日报》刊发的“诺奖的唯一标准是文学”和 2012 年 10 月 23 日，《新华每日电讯》刊发的“莫言获奖唯一标准是文学”都试图证实莫言获奖的实至名归，打破“莫言获奖的折扣论”。政治因素始终是国人面对诺奖的一块遮羞布，未获奖是因为政治因素，获奖则完全出于文学因素考虑，不存在政治因素。然而传统

主流媒体全力阐释的莫言获奖的意义，以及极力解释的莫言“获奖的唯一标准是文学”并没有在新浪微博这一国内最大的舆论场中获得认同。

新浪微博这一自媒体呈现的报道形态主要突出了诺奖事件的三个元素：莫言颁奖现场答记者问，莫言在瑞典的行程，莫言颁奖现场的着装——篆刻衬衫。记者问及“十八大提出建设文化强国，你有何感受时？”莫言的“我想莫言获奖是我个人的事情。诺贝尔文学奖从来都是颁给一个文学家而不是一个国家。”这一言论引发了广泛争议，大多数网友认为莫言展现了文人的风骨，道出了实情，少部分网友则认为他不爱国。而答记者问中有关新闻自由的言论则又引起了右派的批评。在微博这一舆论场中莫言获奖终究又被进行了政治化的解读。传统主流媒体极力解释的“无关政治”，恰恰又是网络大众最热衷于讨论的，甚至是有意作此解读的。

3. 导引：关注纯文学

从图 4 看报道还集中在对文学生态的维护。关于对文学生态的维护，早在莫言获奖消息公布之前的 2012 年 8 月 29 日，《新华日报》就发文“请对诺贝尔文学奖淡定一些”，倡导以平常心对待诺奖。获奖消息公布后，《光明日报》刊文“要关注莫言，也要关注其他作家”，《中国艺术报》发表“多谈些文学，少炒些诺奖”，《文学报》发表两篇相关文章：“理智对待莫言获诺贝尔文学奖”，“从哪里来，现在在哪里，准备到哪里去？”，《中华读书报》刊发了一组讨论文章“专家热议‘诺贝尔文学奖与中国当代文学价值重估’”都试图通过莫言获奖带动大众对纯文学及纯文学作家的关注，以及对当代文学走向的关注。

尽管如此，但通过慧科检索大陆重要中央级党报、大陆最具影响力的都市报刊、大陆最具影响力的综合报刊，检索结果均是关于“诺贝尔文学奖事件”的报道，未出现关于文学文本、文学阅读的介绍和讨论。传统媒体关注纯文学的呼吁尚未在其它媒介形成互文性的报道，无论从报道规模、报道结构、报道刊播样式及最后呈现的报道效果来看，都未能借莫言获奖事件的报道形成一个“关注纯文学、回归大阅读”的话语场域。

那么新媒体对诺奖的讨论又集中在哪几个方面？传统媒体对其是否有回应？

三、网络媒体：猎奇、合谋、消解

1. 大众猎奇与图书消费：为什么突然读莫言？

历年就有读者因为诺奖而去读获奖作家作品的，这部分读者多是文学爱好者。因此，尽管每年各出版社争抢诺奖作品的版权，但从市场反映看，读者对诺奖作品的态度普遍较为冷淡。2003 年，得知彼时库切获奖后，国内十几家出版社竞相联系库切作品的代理机构。最终浙江文艺出版社推出 5 种库切作品后，除了《耻》、《青春》销量稍好之外，其余书籍销量平淡。

莫言的作品本就属于严肃文学之列，再加上其多是长篇巨作，获奖前并不畅销。但不同于其他诺奖作家的是，莫言获奖后至 2013 年元旦，“莫言全部图书的月平均销量是获奖之前每个月平均销量的 199 倍”。原因在于获奖的是一位本土作家，且历年来媒体渲染的诺奖情结更加重了大众对诺奖的好奇。

但遗憾的是，进入 2013 年 2 月，莫言图书销量就回归了正常，本土作家获得诺奖也只带来了作品短暂的畅销。兴趣被媒体从诺奖作品转移到诺奖作家逸事中的公众始终是与文学保持着距离的。

2. 资本转化与利益合谋：为什么如此多关于诺奖的谣言？

诺奖的百年品牌注定牵扯出一条利益链条。由于 2012 年获奖的是本土作家，所以 2012 诺奖这条利益链条在中国延展得更长。除了出版机构期待借此获得利益外，莫言家乡政府部门、概念营销人张一一、企业人陈光标等等都想借诺奖增加自己的曝光率，提升自己拥有的象征资本，并期待其能转化成经济资本或社会资本。

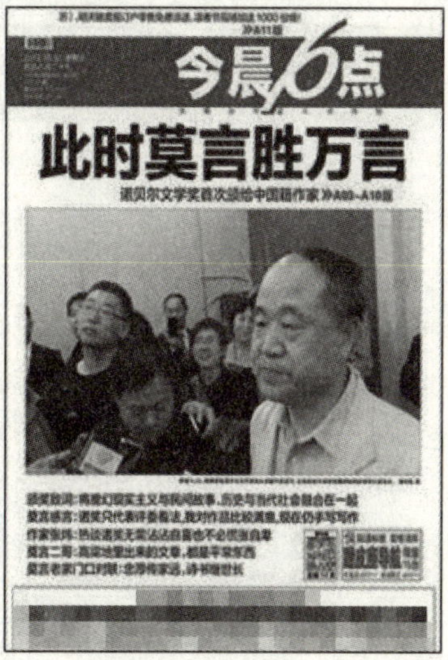

如果说陈光标只是借诺奖的东风、搭莫言一句玩笑话的便车来炒作自己，那么张一一则完全是通过制造“裸奔”事件炒作自己，莫言的家乡山东高密政府相关部门则试图通过文化产业链的建设，从诺奖中获利。这些消费导向的共谋都把诺奖视为有利可图的商机，抛开获奖者及其作品，而仅将获得诺奖这一新闻事件孤立地抛入消费中，致使诺贝尔文学奖已与文学无关，无关文学欣赏、无关文学生态。

3. 文学性的消解：他们在引导什么？

诺奖事件制造者在象征资本的引诱下，借助大众的猎奇心理，最终在商业资本“象征暴力”(violence symbolique) 的宰制下实现了对诺奖文学性的消解。事件制造者获得了对诺奖的诠释权，并左右了大众的思维方式——这就是一场猎奇、一场举国狂欢，而大众似乎已完全忘记诺贝尔文学奖曾是一个文学奖项，是授予一位中国作家和他的作品的，只记得他曾引起的喧嚣。

不仅诺奖事件的制造者实现了其文学性的消解，就连知识分子研究的学者也有意无意间借获奖者人格和道德因素实现了对其作品文学性的解构。华东师范大学许纪霖教授在自己的微博和博客中发表了《我为什么批评莫言》和《鸡蛋与高墙:莫言的双重人格》两篇文章，批评莫言歌颂“唱红打黑”、抄写“延安文艺座谈会上的讲话”。许纪霖作为具有影响力的公共知识分子及专注于知识分子研究的学者，他的评论将关注点从莫言的作品，转到对莫言作家、作协副主席、中共党员等多重身份的关注上，转移到莫言的人格和道德层面。引向了对作家人格结构、在社会文化空间中的身份以及文学在当代中国中与政治的关系等问题的反思。

传统媒体对诺贝尔文学奖的文学性以及维护文学生态的引导失败后，并未对微博这一舆论场的讨论做出足够的回应。可见，传统媒体虽然建构了自己的新媒体平台，试图努力挤进新媒体建构的话语场域里，但他们并未对新媒体上“诺奖事件”中“贿赂门”、“张一一裸奔”、“陈光标赠房”、“学界讨论”等焦点事件、焦点元素与其它媒体或受众进行对话，在对话的基础上再进行引导，因此他们即便占有大量的粉丝，仍然在“诺奖事件”报道中处于凑不上热闹的状态。莫言获奖后的 3 个月，“诺贝尔文学奖”、“关于莫言的种种”几乎淡出了公众的视野，新老媒体都不再跟进进行延续性报道。正如莫言所言，他的获奖“并不能促成大众重新回归阅读，莫言热一个月就会过去了”。

四、传统媒体与网络媒体的共谋：主流文化与大众文化的合流

在对传统媒体与网络媒体关于 2012 诺奖报道的分析中不难看出，传统主流媒体因受官方主导及其技术特点利于精英阶层掌握，形成了官方主流文化偏向，而网络技术的易得性使得大众易掌握话语权，则形成了大众文化偏向。而大众文化作为被很多人所广泛热爱与喜爱的文化，天然地便带有与官方文化相抵制的力量。

安・葛兰西认为："大众文化是统治阶级与被统治阶级、统治者文化与被统治者文化进行意识形态斗争的力场。"约翰・费斯克认为："一个大众文化的文本必须同时包含宰制的力量，以及反驳那些宰制性力量的机会。也就是从臣属式的但不是完全被剥夺权力的位置出发，反抗或规避这些宰制性力量。"斯图尔特・霍尔认为"大众文化就是环绕着大众力量与权力集团的对抗加以组织的。"同时，大众文化又与后现代主义的某些旨趣不谋而合——消解权威，强调消费，倡导感官愉悦。如此看来，大众文化本应是以与官方主流文化对抗的方式而存在的。但在诺奖的报道中，传统主流媒体与网络媒体却上演了一场共谋，使得主流文化与大众文化实现了阶段性的合流。

在对诺奖的报道中网络媒体始终把莫言获奖作为新闻事件进行报道，关注点无非在莫言其人与诺贝尔文学奖项本身，因此出现了大量关于莫言的篆刻衬衫、张一一裸奔、北京买房的报道，网络媒体与大众共同制造了网上与网下的后现代式的狂欢。而停留在"事件"层面的报道，关注的多是"事件"的内容及内容的延续，都是非持久性的，即时性的。

传统媒体关于莫言获奖的报道同样也停留在"事件"层面，只是传统媒体更多关注的是诺奖"事件"的意义——对于国家形象建构的意义。而关于文学本身以及文学的现状、未来走向的反思，文学文本的内容、叙事、结构、意义及社会情境等只存在零碎的相关报道，并未形成相应的文学话语场域。可以说，在传统媒体和网络媒体关于诺奖事件的报道中，文学场域均是缺席的。如果说网络媒体关于诺奖事件的娱乐化报道是对文学的一种消解，那么传统媒体的政治化报道又何尝不也是对文学的一种消解。尽管不同的媒介技术导致了不同的传播偏向，但最终大众文化与主流文化分别借新老媒介完成了一场共谋——消解文学。在这一过程中，传统媒体与网络媒体完成了一场"面不和"却"心和"的对话。在这样的对话中，文

学则披上了诺奖的外衣，华丽登场，却又很快曲终人散，未能留下任何余味。莫言，乃至文学则在这一过程中快速地被消费了。

（作者系上海社会科学院新闻研究所助理研究员。本文是其国家社会科学基金青年项目“文化精品的轻博客传播研究”阶段性成果，项目批准号：12CXW033）

新闻发现是新闻评论的基础
——以“时间文明”系列评论为例

□赵振宇

赵振宇

所谓新闻评论是传者借用大众传播工具或载体，对新近、正在发生或发现或将要发生的新闻事实、问题、现象直接表达自己意愿的一种有理性有思想有知识的论说形式。

新闻评论在报纸、广播、电视和网络上有不同的表现方式，或文字、或声音、或音像结合、或图文并茂，在新闻传播中发挥着重要作用。在这里，新闻评论必须依赖于事实，不论这个事实是现在、新近或将要发生的事实。事实是第一性的，评论是第二性的，后者是对前者的一种思想反映。

缤纷多彩、变化万端的新闻事实构成了我们生活的丰富世界。注意发现、观察、收集人们司空见惯但却有评论价值的新闻事实，是做好新闻评论的第一步。

一

今年5月8日，新华社发出通稿：武汉市政府发文倡导“时间文明”。报道中说，开展以“时间文明”为主题的相关活动，有助于城市的发展以及提升城市形象。也体现了武汉市“敢为人先，追求卓越”的城市精神。

通稿发表后，中央人民广播电台立即组织策划在“全球华语广播网”播出了该项台记者在英国、日本和非洲等地采访与时间文明的相关报道。

北京日报、沈阳日报、杭州日报、新民晚报、今晚报、长沙晚报、人民网、新华网、新浪网等全国几十家媒体予以报道和评论。

而这个"时间文明"活动正是源于笔者在 2014 年武汉市"两会"的提议。当时，通过多张照片，提出武汉市公共场合存在时钟不准，以及部分单位存在不能守时、惜时等问题。"时间文明"的概念，更早则是源自于 2011 年笔者出访美国时的一些感受。

到美国参加学术会议，有机会在美国东部地区的纽约、费城、华盛顿、波士顿和阿默斯特等地行走。在我们经过的繁华都市、幽静小镇，不论是道路还是景点，都会在醒目处悬挂着不同时代、风格各异的时钟或电子计时器，而且每座时钟都与当地的标准时保持一致。时钟的悬挂，不仅给人美的享受，还时时在给人们提醒，到达此处的时间是多少，两地间的时差是多少，还剩多少时间到达下一个目的地。

但也有偶尔例外的情况发生。在一所大学的孔子学院参观时，我惊奇地发现上午 11 时，墙上的时钟却停摆在 8 点 10 分！会后我与中方副院长交谈，她说"没电池了"，我说"所有停摆都是这个理由"。

回国后，我将上述感受写进了我的一篇评论《请挂好校准城市时钟》。时钟问题，是大家都能感受到的普遍现象。但是，通过走出国门的深刻对比，却发现了问题，而且连在美国土地上的"孔子学院"也具有了时钟不准的"中国特色"！评论依赖于事实，而时钟不准的事实是大家都能感知和认同的，于是选题也就有了广泛性和代表性。

新华网 城市 > 正文

武汉市政府发文倡导"时间文明"

2014年05月07日 13:36:40 来源：新华网 分享到：

新华网武汉 5 月 7 日专电（记者梁建强、廖君）"人们常说物质文明、精神文明等，'时间文明'被提及的较少，但这十分重要。"近日，武汉市政府印发《关于开展倡导"时间文明"活动的通知》，率先提出此倡议华中科技大学教授赵振宇认为，"时间文明"应当逐步形成更广泛的共识。

通知中指出，"时间文明"是指识时、守时、准时、惜时。"时间文明"既是个人素质、涵养的综合体现，也是城市文明的重要组成部分，更是城市发展精神风貌的重要体现。

具体到实践中，通知要求全市各区、各部门带头倡导"时间文明"，上下班、开会及参加社会活动要做到不迟到、不早退；领导干部要带头珍惜时间，提高工作效率，开短会、讲短话、讲管用的话。为群众服务的行政机关窗口、企事业单位要严格遵守服务作息时间，必要时要根据群众办事需求增设服务窗口，延长下班时间，减少群众排长队等候现象和往返多次情况的发生等。

今年 6 月 1 日前，武汉市还将对车站、机场、码头、通道、广场、学校、医院、商场、公园、公共

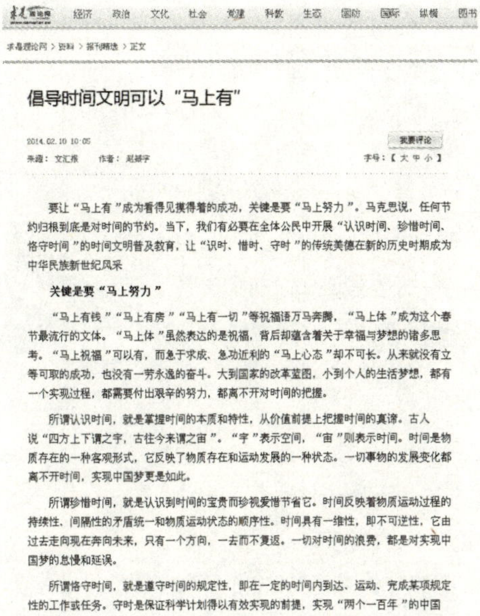

经济 政治 文化 社会 党建 科教 生态 国防 国际 纵横 图书

求是理论网 > 资料 > 报刊精选 > 正文

倡导时间文明可以“马上有”

2014.02.10 10:05　我要评论

来源：文汇报　作者：赵赫宇　字号：【大 中 小】

要让“马上有”成为看得见摸得着的成功，关键是要“马上努力”。马克思说，任何节约归根到底是对时间的节约。当下，我们有必要在全体公民中开展“认识时间、珍惜时间、恪守时间”的时间文明普及教育，让“识时、惜时、守时”的传统美德在新的历史时期成为中华民族新世纪风采

关键是要“马上努力”

“马上有钱”“马上有房”“马上有一切”等祝福语万马奔腾，“马上体”成为这个春节最流行的文体。“马上体”虽然表达的是祝福，背后却蕴含着关于幸福与梦想的诸多思考。“马上祝福”可以有，而急于求成、急功近利的“马上心态”却不可长。从来就没有立等可取的成功，也没有一劳永逸的奋斗。大到国家的改革蓝图，小到个人的生活梦想，都有一个实现过程，都需要付出艰辛的努力，都离不开对时间的把握。

所谓认识时间，就是掌握时间的本质和特性，从价值前提上把握时间的真谛。古人说“四方上下谓之宇，古往今来谓之宙”。“宇”表示空间，“宙”则表示时间。时间是物质存在的一种客观形式，它反映了物质存在和运动发展的一种状态。一切事物的发展变化都离不开时间，实现中国梦更是如此。

所谓珍惜时间，就是认识到时间的宝贵而珍视爱惜节省它。时间反映着物质运动过程的持续性、间隔性的矛盾统一和物质运动状态的顺序性。时间具有一维性，即不可逆性，它由过去走向现在奔向未来，只有一个方向，一去而不复返。一切对时间的浪费，都是对实现中国梦的怠慢和延误。

所谓恪守时间，就是遵守时间的规定性，即在一定的时间内到达、运动、完成某项规定性的工作或任务。守时是保证科学计划得以有效实现的前提，实现“两个一百年”的中国

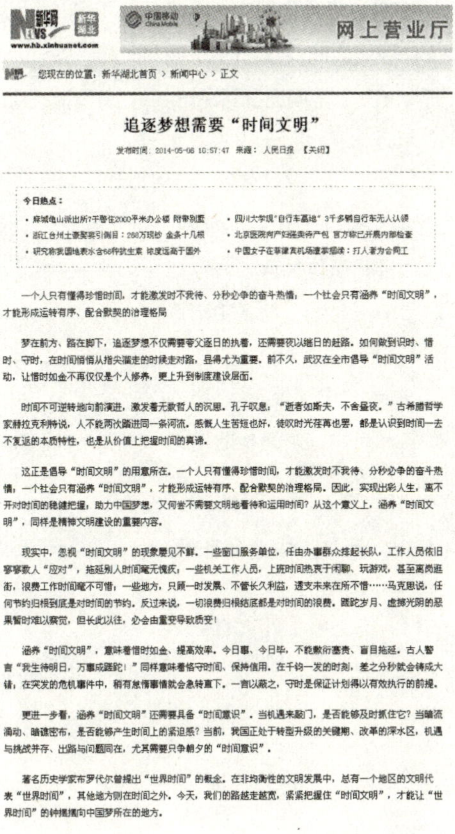

www.hb.xinhuanet.com　中国移动 China Mobile　网上营业厅

您现在的位置：新华湖北首页 > 新闻中心 > 正文

追逐梦想需要“时间文明”

发布时间：2014-05-06 10:57:47　来源：人民日报　【关闭】

今日热点：

- 麻城龟山派出所7干警住2000平米办公楼 附带别墅
- 四川大学现“自行车墓地” 3千多辆自行车无人认领
- 浙江台州土豪娶亲引侧目：288万现钞 金条十几根
- 北京医院向产妇强卖待产包 官方称已开展内部检查
- 研究称我国地表水含68种抗生素 浓度远高于国外
- 中国女子在菲律宾机场遭掌掴续：打人者为合同工

一个人只有懂得珍惜时间，才能激发时不我待、分秒必争的奋斗热情；一个社会只有涵养“时间文明”，才能形成运转有序、配合默契的治理格局

梦在前方、路在脚下，追逐梦想不仅需要夸父逐日的执着，还需要夜以继日的赶路。如何做到识时、惜时、守时，在时间悄悄从指尖溜走的时候走对路，显得尤为重要。前不久，武汉在全市倡导“时间文明”活动，让惜时如金不再仅仅是个人修养，更上升到制度建设层面。

时间不可逆转地向前演进，激发着无数哲人的沉思。孔子叹息：“逝者如斯夫，不舍昼夜。”古希腊哲学家赫拉克利特说，人不能两次踏进同一条河流。感慨人生苦短也好，徒叹时光荏苒也罢，都是认识到时间一去不复返的本质特性，也是从价值上把握时间的真谛。

这正是倡导“时间文明”的用意所在。一个人只有懂得珍惜时间，才能激发时不我待、分秒必争的奋斗热情；一个社会只有涵养“时间文明”，才能形成运转有序、配合默契的治理格局。因此，实现出彩人生，离不开对时间的稳健把握；助力中国梦想，又何尝不需要文明地看待和运用时间？从这个意义上，涵养“时间文明”，同样是精神文明建设的重要内容。

现实中，忽视“时间文明”的现象屡见不鲜。一些窗口服务单位，任由办事群众排起长队，工作人员依旧寥寥数人“应对”，拖延别人时间毫无愧疚；一些机关工作人员，上班时间热衷于闲聊、玩游戏，甚至离岗逛街，浪费工作时间毫不可惜；一些地方，只顾一时发展、不管长久利益，透支未来在所不惜……马克思说，任何节约归根到底是对时间的节约。反过来说，一切浪费归根结底都是对时间的浪费。蹉跎岁月、虚掷光阴的恶果暂时难以察觉，但长此以往，必会由量变导致质变！

涵养“时间文明”，意味着惜时如金、提高效率。今日事、今日毕，不能敷衍塞责、盲目拖延。古人警言“我生待明日，万事成蹉跎！”同样意味着恪守时间、保持信用。在千钧一发的时刻，差之分秒就会铸成大错；在突发的危机事件中，稍有怠惰事情就会急转直下。一言以蔽之，守时是保证计划得以有效执行的前提。

更进一步看，涵养“时间文明”还需要具备“时间意识”。当机遇来敲门，是否能够及时抓住它？当暗流涌动、暗礁密布，是否能够产生时间上的紧迫感？当前，我国正处于转型升级的关键期、改革的深水区，机遇与挑战并存、出路与问题同在，尤其需要只争朝夕的“时间意识”。

著名历史学家布罗代尔曾提出“世界时间”的概念。在非均衡性的文明发展中，总有一个地区的文明代表“世界时间”，其他地方则在时间之外。今天，我们的路越走越宽，紧紧把握住“时间文明”，才能让“世界时间”的钟摆摆向中国梦所在的地方。

二

新闻评论作为一种社会舆论，它力求对社会的发展和进步起到一定的积极作用。这种作用越大，它价值就越大。评论虽然发表了，也引起城市管理部门的某种注意，但是，仅此还是不够的。作为一个新闻评论者，对此既要有一种心理承受力也要持续不断地跟进关注。

发现新闻的敏锐性，是新闻评论者应该培养和不断提升的基本素质。2014 年元月，我列席武汉市政协会议。1 月 5 日，参加小组会议，发现会议驻地酒店的钟快了 10 分钟;6 日，乘坐会务组车辆时又发现，车上的钟慢了 10 分钟；到了主会场武汉剧院，发现当时时间已经 10 时多了，但剧院三楼的钟仍然停留在 8 时 14 分；7 日早上，再去武汉剧院开会，又特意去看了三楼的钟，发现钟仍然停在 8 时 14 分，我对照自己的手表拍下了照片。当天下午我参加了与市长的对话，将上午拍摄的照片和以前在美国拍摄的图片在会场上展示，提出了城市时钟不准的问题。

前一天就发现时钟慢了，为何要等到第二天才去拍照呢？这里有一个选择事实的时机问题。新闻人常爱说“抢新闻”，这是很对的。所谓抢新闻，一是抢对事实的传播，二是抢对事实背后观点的发表，“抢”是新闻人的常态。有的新闻除了抢，有时还需要

"养"，即选择传播的合适时机和发表的最佳选题。因为大会安排7日下午要与市长唐良智对话，为了增强新闻的接近性，所以我选择了对话会的上午去拍照。

会后，市政府积极组织调研，听取各方面意见，也与我作过交流，于4月29日发出《关于开展倡导"时间文明"活动的通知》。

社会的进步，时代的发展，远不是一篇报道和评论就能凑效的，它需要新闻人的共同努力，需要全社会人群的配合，特别是管理部门的科学管理、工作部门的有效工作，而且是持续不断地坚持下去，方能达到目的。

三

新闻评论告知大众的不是改造社会的具体方法，而是一种理念，一种思维，一种思想，一种观念。"事"是新闻评论关注的当下，而"势"则是新闻评论研究的未来。我们不能简单地"以事论事"，更需要"以事论势"，把握事物发展的方向，把握好"事"与"势"之间的关系。

新闻评论主要靠理性的力量、真理的力量。一种理论要能说服人，必须讲出道理，说出"事"后的"形势"和"趋势"，使人信服。为此，我对什么"是时间文明"，它与全国人民努力实现的"中国梦"有什么关系等问题撰写评论。

我在"光明论坛"上发表《倡导"时间文明"新理念》。继而，又在"文汇时评"发表《倡导时间文明　可以"马上有"》。

对"时间文明"的理解，如果仅仅停留在时钟和时间上还是不够的，还必须同中央提出的"中国梦"和全国人民为达此目标而作的努力奋斗结合起来。于是，我撰写了《实现中国梦要把握好"中国时间"与"中国效率"》的论文，刊发于《民主与科学》杂志上。

文章的最后还特别强调，恪守"中国时间"，展现"中国效率"，必须要坚决反对形式主义。实践是检验真理的唯一标准，而时间则是检验道路的终极标准。

（作者系华中科技大学新闻评论研究中心主任、教授、博士生导师，武汉市人民政府参事）

两个华哥

□蓝云

蓝云

有幸参加“粤来粤好——2014年网络名人看广东”活动，成了“名人”、“大V”。其实我微博粉丝数非常少，也好久没更新了，准确地说连小小V都算不上。主办方看重的，可能是我之前与互联网活动的交集。

来了20多个省外大V，少数是认识的，更多是不认识的，甚至是陌生的。近距离接触了几日，同车同吃同开会（也有同住，是同一栋楼），发现他们都是有故事的人，各有绝活。但坦率地说，如要依靠大V们来治国平天下，不太靠谱。

此回另一个机遇是，密集拜会多地党政一把手，或者说是这些“公仆”接受一群“刁钻”、“刻薄”主人的“拷问”。其中就有广州市长陈建华、东莞市委书记徐建华。因为大家都知道的原因，这两座城市当时还处于舆论风暴眼中。

一

7月22日中午，面对当时事实上主持广州市工作的陈建华，地球人都知道什么问题最猛、最有料。华哥是老网友，面对大V、小V、老记、小记，也有足够的诚意，简单开场白后，他说“你们问吧”。两个问题之后，“中青报曹林”拿到了话筒，“难的问题我就不问了，我下不了手”，全场人员，包括市长本人，会心一笑，转向了“你通过什么方式了解网络舆情”。曹林是文雅的，有自律精神的。但是采访团里，执着的人还是有的，比如司马南就跳出来了，引用网站关于广州前书记落马的消息后，问“一些领导今天坐在主席台，明天就……在任的一些人选择了不作为、惰政来对抗，广州有这种情况吗？”（注：大意如此）陈市长显然是有心理准备的，引用了中央、省委精神化解司马南之问。

曹林垫球、司马南快攻，陈建华单手回扣。这样的攻防，显然还不能让参观采访团足够满意。南都记者、一位来自海南的团友再提反腐话题，相继发起了第三次、第四次攻击，陈建华一一化解。客观地说，华哥回答不算精彩，但也没出错。这样的时节，也就只能这样了。会后，仗着与陈市长有三分面熟，与他耳语几句。他告诉我，这些问题“我都没有准备”。

广州的华哥，依靠老道，甚至是有一点点“滑头”，过关了。东莞的华哥会怎样呢？

二

7月24日上午，参观采访团与徐建华面对面互动交流。前6个问题，全部和扫黄、性工作者、五星级酒店、城市形象相关。好猛烈的炮火！

据现场实录，徐建华回答：“2月9日是星期天，我在东莞，当时在外头，没有在家里。省里一个同志看到后，给我电话，说东莞涉黄，我说没有在家，我赶紧打电话给公安局长，让他们先看。他们看

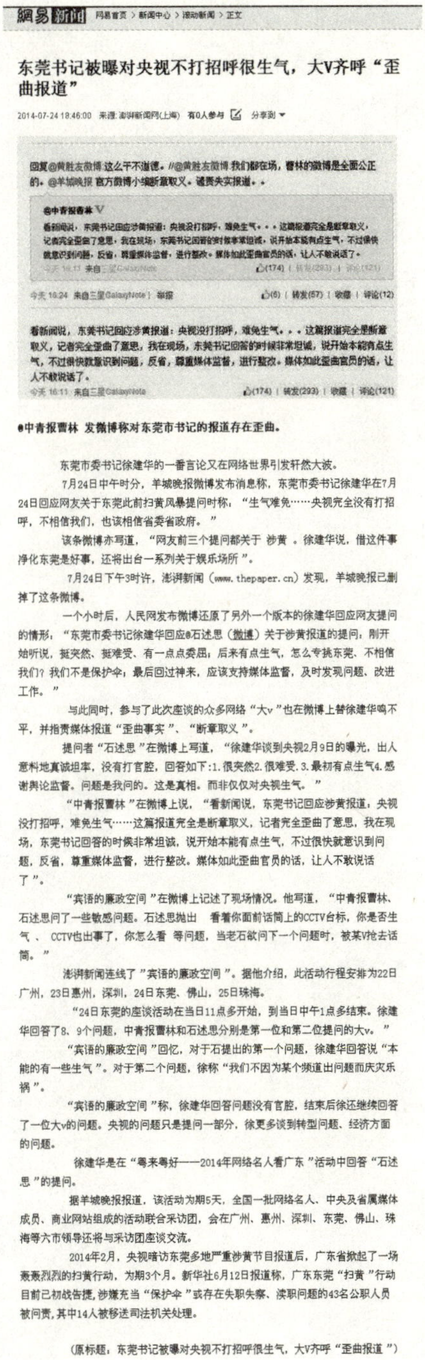

網易新闻 网易首页 > 新闻中心 > 滚动新闻 > 正文

东莞书记被曝对央视不打招呼很生气，大V齐呼“歪曲报道”

2014-07-24 18:46:00 来源：澎湃新闻网(上海) 有0人参与 分享到

回复@黄胜友微博 这么干不道德。//@黄胜友微博 我们都在场，曹林的微博是全面公正的。@羊城晚报 官方微博小编断章取义。谴责失实报道。。

@中青报曹林

看新闻说，东莞书记回应涉黄报道：央视没打招呼，难免生气。。。这篇报道完全是断章取义，记者完全歪曲了意思，我在现场，东莞书记回答的时候非常坦诚，说开始本能有点生气，不过很快就意识到问题，反省，尊重媒体监督，进行整改。媒体如此歪曲官员的话，让人不敢说话了。

(174)

今天 16:24 来自三星GalaxyNote | 举报 (6) | 转发(57) | 收藏 | 评论(12)

看新闻说，东莞书记回应涉黄报道：央视没打招呼，难免生气。。。这篇报道完全是断章取义，记者完全歪曲了意思，我在现场，东莞书记回答的时候非常坦诚，说开始本能有点生气，不过很快就意识到问题，反省，尊重媒体监督，进行整改。媒体如此歪曲官员的话，让人不敢说话了。

今天 16:11 来自三星GalaxyNote (174) | 转发(293) | 收藏 | 评论(121)

@中青报曹林 发微博称对东莞市书记的报道存在歪曲。

东莞市委书记徐建华的一番言论又在网络世界引发轩然大波。

7月24日中午时分，羊城晚报微博发布消息称，东莞市委书记徐建华在7月24日回应网友关于东莞此前扫黄风暴提问时称：“生气难免……央视完全没有打招呼，不相信我们，也该相信省委省政府。”

该条微博亦写道，“网友前三个提问都关于 涉黄 。徐建华说，借这件事净化东莞是好事，还将出台一系列关于娱乐场所”。

7月24日下午3时许，澎湃新闻（www.thepaper.cn）发现，羊城晚报已删掉了这条微博。

一个小时后，人民网发布微博还原了另外一个版本的徐建华回应网友提问的情形：“东莞市委书记徐建华回应@石述思（微博）关于涉黄报道的提问：刚开始听说，挺突然、挺难受、有一点点委屈；后来有点生气，怎么专挑东莞、不相信我们？我们不是保护伞；最后回过神来，应该支持媒体监督，及时发现问题、改进工作。”

与此同时，参与了此次座谈的众多网络“大v”也在微博上替徐建华鸣不平，并指责媒体报道“歪曲事实”、“断章取义”。

提问者“石述思”在微博上写道，“徐建华谈到央视2月9日的曝光，出人意料地真诚坦率，没有打官腔，回答如下：1.很突然2.很难受.3.最初有点生气4.感谢舆论监督。问题是我问的。这是真相。而非仅仅对央视生气。”

“中青报曹林”在微博上说，“看新闻说，东莞书记回应涉黄报道：央视没打招呼，难免生气……这篇报道完全是断章取义，记者完全歪曲了意思，我在现场，东莞书记回答的时候非常坦诚，说开始本能有点生气，不过很快就意识到问题，反省，尊重媒体监督，进行整改。媒体如此歪曲官员的话，让人不敢说话了”。

“宾语的廉政空间”在微博上记述了现场情况。他写道，“中青报曹林、石述思问了一些敏感问题。石述思抛出 看着你面前话筒上的CCTV台标，你是否生气 、 CCTV也出事了，你怎么看 等问题，当老石欲问下一个问题时，被某V抢去话筒。”

澎湃新闻连线了”宾语的廉政空间”。据他介绍，此活动行程安排为22日广州，23日惠州，深圳，24日东莞、佛山，25日珠海。

“24日东莞的座谈活动在当日11点多开始，到当日中午1点多结束。徐建华回答了8、9个问题，中青报曹林和石述思分别是第一位和第二位提问的大v。”

“宾语的廉政空间”回忆，对于石提出的第一个问题，徐建华回答说“本能的有一些生气”。对于第二个问题，徐称“我们不因为某个频道出问题而庆灾乐祸”。

“宾语的廉政空间”称，徐建华回答问题没有官腔，结束后徐还继续回答了一位大v的问题。央视的问题只是提问一部分，徐更多谈到转型问题、经济方面的问题。

徐建华是在“粤来粤好——2014年网络名人看广东”活动中回答“石述思”的提问。

据羊城晚报报道，该活动为期5天，全国一批网络名人、中央及省属媒体成员、商业网站组成的活动联合采访团，会在广州、惠州、深圳、东莞、佛山、珠海等六市领导还将与采访团座谈交流。

2014年2月，央视暗访东莞多地严重涉黄节目报道后，广东省掀起了一场轰轰烈烈的扫黄行动，为期3个月。新华社6月12日报道称，广东东莞“扫黄”行动目前已初战告捷，涉嫌充当“保护伞”或存在失职失察、渎职问题的43名公职人员被问责，其中14人被移送司法机关处理。

（原标题：东莞书记被曝对央视不打招呼很生气，大V齐呼“歪曲报道”）

了以后，感觉比较严重，说赶紧回来，下午开会。当时下午回来后就布置研究，如何进行面上打击。晚上看了 11 点的新闻直播间，我第一感觉是比较难受的，生气不生气？开始也生气，一个地方的主要领导，在这个地方给最权威的央视披露这样的事情，肯定比较难受的。第二，央视这种媒体的监督应该是坚持的，虽然你说是潜伏。我们也用自己的媒体搞暗访通过媒体明察暗访，监督和发现地方政府需要改进的地方，我们也这样做。当天晚上我们给省委汇报情况的同时，我们以市委市政府的名义给中央电视台去了一个文件，我们感谢央视的报道，我们认为报道暴露了东莞的问题，我们接受媒体的监督，然后专门派市委常委、宣传部长到央视介绍汇报情况。东莞日报和人民日报同步刊发了评论。我们认为涉黄破坏和妨碍了社会的发展。新闻监督是媒体的功能，监督地方党委政府是他们的职责。”

这段讲话由四环节组成：生气——不生气——感谢监督——行动，是一个完整表述，有 427 字。但是，可恨微博只有 140 字，苦了要抢发稿件的小编。广州某媒体的微博第一时间发布：“生气难免……央视完全没有打招呼，不相信我们，也该相信省委省政府。”很快疯传。更要命的是，风头正劲的澎湃新闻迅速跟进。这就炸开锅了。

在这个关键时刻，“中青报曹林”、“石述思”等大 V 站出来了，用亲身经历，集体为徐建华正名（见《东莞书记被曝对央视不打招呼很生气，大 V 齐呼“歪曲报道”》等网页），字里行间还对同行那条微博的片面摘录做法有所批评，隐约还涉及新时期的传媒生态及规则。一团友笑言，左、中、右大V如此步调一致，还很少见。

自始至终，东莞市委、徐建华本人没有回应，没有吭声，衣袖都没挥一下，就安然度过风波。事后，我当面请教曹林，为什么愿意替你并不熟悉的地方官员背书？他答，被徐建华的真诚、坦率打动了。

三

在带领网络问政团队同事工作的时候，我时常会念叨三个词语：官员、官场、官道。我就在想，如果东莞华哥也像广州华哥一样，转述一段中央及省里文件精神，是不是就没这场风波？

上级部门，会更欣赏哪一个华哥？

而你的意见呢？

（作者系南方舆情研究院秘书长，微信公众号：云之蓝 yunzhilan37）

传媒茶座

传媒茶座

马九器　辟谣需要进入"新常态"

白红义　离职的背后

王　佳　发力即时新闻不可自我放逐

周云龙　"种水稻"和"做新闻"

辟谣需要进入“新常态”

□马九器

马九器

“谁忽视历史，谁就失去现在”，把这句耳熟能详的句式放在舆论领域，同样可以生发出很多箴言，比如“谁忽视谣言，谁就失去稳定”。之所以是箴言，是因为有大量现实案例支撑着它，而且充满切肤之痛，几乎没有例外。

从福建厦门辽宁大连 PX 散步、四川什邡民众反对钼铜项目到日本地震后国内抢盐风潮、湖北石首命案连锁群体反应……几乎在大量群体性躁动的背后，都有一只看不见的“手”——谣言——没有人知道它从哪里来，人们只知道它似乎无处不在、无所不能。2003 年的非典，可谓“谣言”之乱的一个顶峰，从那以后，“信息公开是谣言的天敌”终于成了一个常识，最终促成了《政府信息公开条例》的出台。也就是从那时起，一个很火的词不断登上各种公共舞台——辟谣。

就像一位刚刚结婚的青年，面对婚姻后的锅碗瓢盆油盐酱醋，明知离不开却又常常手忙脚乱。"辟谣"就是这样，远远看去"谣言"不过一则假话谎言，只要惊堂木一拍、威严庄重地公布真相，谣言自然灰飞烟灭，失去定海神针的东海龙宫立刻恢复秩序；可是真正与"谣言"短兵相接、博弈对垒时，才会发现事情远远没有想象中那样简单容易。

在社会学名著《乌合之众》中，勒庞向我们阐释了群体心理：谣言的背后是一种复杂的社会群体心理，它往往是缺乏理性的、充满想象的，它对寻常普通的一面往往视而不见却对离奇、非同寻常的现象印象深刻。尤其是，一些传播甚广的谣言背后有一种深重而广泛的不信任感存在，这种怀疑对那种稀松平常的"辟谣"很容易建起隔离墙。所以，"辟谣"在传播工具愈加便捷、思想日益多元、信息不断呈现爆炸状态的背景下，就越来越成为一门技术活，需要升级换代，进入"新常态"。谁忽视辟谣的技术含量，谁在辟谣上墨守成规，谁就可能会被谣言折腾得寝食难安——这不是危言耸听。

类似的例子几乎随时都在上演，微博上的吐槽、朋友圈的戏谑、饭桌上的嘲弄，往往都是"辟谣"失败的证明。

辟谣需要哪些技术？限于篇幅，只能略谈一二。

大凡有谣言存在的公共事件，权威官方辟谣的目的主要是释疑解惑，让真相赶走谎言、稳定人心和秩序。这里涉及的一个重要因素就是如何让民众相信你，即建立信任。学者郑也夫在《信任论》中说，"信任是建立社会秩序的主要工具之一"，因为它"使人的行为具备更大确定性"。社会学家巴伯更进一步，"在社会控制中权力若要充分甚至最大程度有效，就必须有信任在其中"。好了，现在就可以来谈谈如何让辟谣达到信任的目的。

辟谣必须要遵循严格的程序和规律。在某件公共事件上，不是所有权威部门的信息公开都叫辟谣，当国家能源局原局长遭举报后，能源局有关人士的匆匆"辟谣"事后证明反而是替谣言推波助澜。一个遵循程序和规律的辟谣模式，至少要包括以下部分：权威部门和人士、内容方式须遵守法治原则、辟谣者与相关当事者无利益牵涉之嫌、有逻辑和证据支撑。

此外，辟谣的措辞用语也是至关重要的。辟谣不是公布政策、发号施令，而是一种心理疏导、信息传播的人际交流、科学实践，因此其遣词造句须避免程式化、模糊化，其辟谣姿势须避免冷漠、居高临下。

法国学者卡普费雷在其著作《谣言：世界最古老的传媒》里作出一个论断：大众传播媒介的出现远未能消灭谣言，它只能使谣言更加专业化。是啊，当谣言越来越专业的时候，辟谣还不与时俱进、升级换代进入“新常态”，结果就只能像段子所言：当真相还在穿鞋时，谣言已经跑遍半个世纪了。

（作者系华商报评论员）

离职的背后

□白红义

白红义

这两年耳闻了很多新闻人离职的消息，他们或是转往其他行业，或是自主创业。不少人在离开时，还会撰写一篇情真意切的告别信，在微博、微信等社交媒体上流传。这是一个很有趣的行业现象,也是一个值得研究的学术选题。

虽然说跳槽或离职现象并非新闻行业独有，新闻人的流动也并非始自今日，可是把它放在一个新闻业持续衰退这样一个大的行业背景下来看，却始终给人一种悲怆之感。这种衰退不是某一家媒体独自面临的问题，而是整个新闻行业遭遇的结构性困境。新闻人的离职可以说是对这种困境的一种反应，他们直接用脚投票。

新闻从业者中潜在的离职者似乎不在少数。中山大学传播与设计学院院长张志安教授等人最近发布的一份《新媒体环境下中国新闻从业者生态调查报告（2014）》显示，中国新闻从业者的工作年限呈下降趋势，一方面是因为新闻从业者规模扩大，大量年轻新闻人涌入；另一方面则是新闻从业者队伍的职业流动加快，跳槽频率大大提高。他早前一份针对调查记者的报告更是指出，超过 4 成的被访者有改行的打算。

前段时间，与一位北京来的报社编辑朋友见面。聊天之际，他也谈到了自己的焦虑。据他所言，报社的编辑岗位难以带来足够的成就感，然后花很多时间撰写自己感兴趣的报道，给别家媒体写稿。想离职在自己擅长的领域发展却又缺乏足够的勇气，感觉离开的时机不成熟，当然，也不乏对现有稳定生活的不舍。

我相信这位朋友的感受具有一定的普遍性。职业层面的焦虑可能是这一代中国新闻人的普遍状态，只不过各自的成因不尽相同。而在应对时，有些新闻人选择了退出，有些新闻人仍在忠诚地坚守，并择机大声地呼吁，以期改善新闻业的窘境。当然，有些人也有意无意地忽视了这种困境，以一种漠视的状态继续从业。

在行业大变局下，新闻人做出何种选择，取决于个人的理性判断。如果借用经济学中“退出－忠诚－呼吁－忽视”的分析框架来看待新闻人的选择，“退出”显然是最便捷的，对新闻人个体有利，而对新闻组织或新闻行业的提升帮助不大，人人竞相退出对组织和行业的影响可想而知；“忽视”则是最坏的选择，对新闻业的现实缺乏关怀、不闻不问，只顾循着旧有轨道前行而无视外部的变化，无论是个体还是组织甚或行业都无从获益；“忠诚”对组织和行业来说是有利的，可以一起面对挑战，为组织绩效的好转或提供竭尽全力；相形之下，在忠诚基础之上的“呼吁”则明确提出了改变组织困境的措施，呼吁与退出往往结合使用，应使呼吁机制发挥作用在前，退出机制发挥作用在后，而充分发挥呼吁机制的效用的前提则是培养组织成员的忠诚。

离职新闻人的告别信可以说是一种“大声退出”的现象，这些即将离开新闻行业的新闻人对自己离职原因的描述，何尝不是一种对现存问题的反思。因此，把新闻人发表的告别信作为分析的焦点，看看他们怎么说、说什么。如果想更进一步的话，除了分析那些离开的新闻人的告别信，还要把仍留在行业内的新闻人的话语纳入分析范畴，看他们究竟如何“呼吁”，怎样表达“忠诚”。

（作者系上海社会科学院新闻研究所副研究员）

发力即时新闻不可自我放逐

□王佳

王佳

最近，资深媒体人朱学东先生探讨“传媒业走进粗鄙时代”的系列文章，在传媒圈当中引起不小反响，我的微信朋友圈也一度被这些文章刷屏。相信朱先生的判断对于业内人士来说，并不出乎意料，事实上，你我的确正在不同程度地经历传媒工作环境的功利化，以及报道方式的粗鄙化。

作为一名工作职责是捕捉日常网络热点的报纸编辑，我特别注意到，朱先生在其中一篇文章里谈道，“互联网媒体对传媒业的粗鄙化也尽了一分力。一方面抢眼球，一方面求快，降低成本，导致传媒业的专业探索意愿急剧下降，而互联网的匿名式表达，也让许多人失去实名下的责任和压力，放逐了自己。”

这当然同样符合业界的一贯认知。

甚至在相当长一段时间里，传统媒体人在坚持“纸媒不死”的观点，乃至维护自身可怜的职业荣誉感时，也都将网络媒体做新闻普遍求速、求“亮瞎眼”，而不守基本报道规范作为一个重要论据。诸如，这么做新闻很容易失实，还是传统媒体踏实采访、平衡报道靠谱云云。

遗憾的是，眼下一批传统媒体及传统媒体人，正在成为他们过去所反对的人。具体而言，对于一个热门网络话题，将爆料网帖缩到140字内，然后加上“求证”二字，便敢发上官方微博，从而引领舆情发酵，与普通网友的表现无异。最新案例包括江西吉安女市委书记被曝系“富婆”，有微博粉丝达百万的传统媒体，就在未作任何求证的情况下，通过截取展示网帖精华，以最快速度为读者奉上了这样的“独家新闻”。

而如果记者第一时间找到当事人电话，恰好又是一个负面消息，那么尽管下列信息毫无意义，却能在客观上表现记者已尽力，并暗示当事人的消极态度，那么就敢在网上挂出链接，发出一个正式报道文本。这些信息包括“反复拨打电话无人接”、“对方按掉电话”和“对方拒绝了采访请求”等，常见于报道末尾。

还有一种打擦边球的方式是做链接。鉴于很多事件在中国是重复发生的，A事求证不到，那就整理出与之同质化的BCD事，成稿时再把A事顺便绕进去即可。虽然稿件主体是BCD，但只要抖出A，铺垫再长又有何妨?

只要你稍加留意，每天去看那些抢占门户和新闻客户端重要位置的即时新闻，总有一条是靠这种方式生产的，而作者不乏传统媒体。简单分析可以发现，这类新闻的最大特点就是要够快，至于新闻要素的五个W，这类新闻基本只突出一个，即what，还是个有待进一步核实的事实。我将这类即时新闻统称为“我听说”报道，盖因媒体在其中扮演的角色更像网络大V，意在告诉大家“我听说有这么件事”，至于真的假的，谁知道呢。

部分传统媒体之所以放弃过往的克制，在即时新闻生产中放逐自己，依我看有以下几点原因：一是传统媒体由于介质的特点，以往最大的短板就在速度，借助新媒体平台原本可适当弥补这一缺陷，无奈网络媒体也陆续发力即时新闻自采，竞争激烈度持续增加，只好一快再快；二是传统媒体介入新媒体平台后，受制于内部考核压力和外部排名等，一味追求微博阅读量和微信阅读数等显性数据，从而不惜牺牲节操；三是新媒体平台的发稿环境相对轻松，即便失实和不平衡，也有借口说新闻总在滚动发生，易用后续“追踪”来免责。

凡此种种，造就的是一批品质低劣的即时新闻，没有营养，读者转瞬即忘，最终不断消耗的是传统媒体残存的公信力。在这种氛围中，传统媒体人遵守新闻采写的基本规范，有节操地与网络媒体“火拼”很重要，更重要的恐怕是要进一步开阔视野，不受即时网络热点的牵制，在选题思路上多走差异化路线。

（作者系南方都市报网眼版编辑）

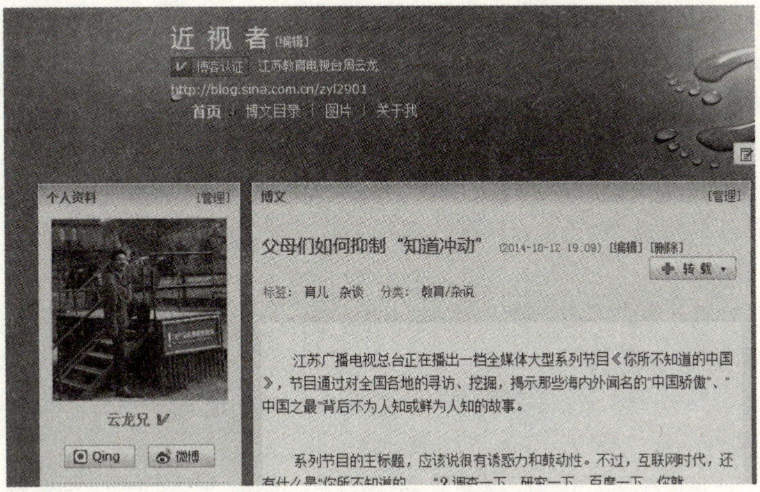

“种水稻”和“做新闻”

□周云龙

周云龙

美国《科学》周刊最新发表的一项研究报告称，传统上种植水稻的人群会培养出更加强烈的集体意识，因为种水稻付出的劳力非常大，需要邻里间的合作。相比之下，生活在小麦种植区的人更具备独立意识和思辨能力，这在很大程度上是因为种植小麦只需要一半的劳力，也不像种水稻那样需要相互合作。研究认为，这也可以解释为何中国南方离婚率低于北方，而北方发明专利数多于南方。

这是《参考消息》2014年5月10日的报道，确实，这是一个仅供参考的消息。麦作区和稻作区，真的会带来文化思维、生活观念的差异吗？

从古代的生产方式中去寻找现代的南北差异由来，是不是靠谱？不好妄加评论，而这个思路倒是启发我也可以对电视媒体与报纸媒体作一番不靠谱的解读。

电视台和报社的生产方式也有着类似的差异：电视台记者，有如小集体或大集体，起码两个人合作，一个片子的完成，至少需要摄像、剪辑、配音、字幕等等工种的配合，至于一档节目的上线，那更得有庞大的“后援团”；而报社（杂志社也大抵如此）记者，有如个体户，常常可以是“一个人在战斗”，大多情况下，自己独立采访、独立写作（当然，现在也需有经营思维了）。

生产方式的明显不同，会导致电视人与报人在思维方式、生活习惯上呈现怎样的差异呢?

电视记者，外向活泼型居多，因为要与人合作，必定要学会主动出击；报社记者，大多内敛闷骚，特立独行。

电视台的人员配置，大多男女比例协调，出镜、采访、制作、包装多为女性，摄像、编辑基本上是男性天下，男女搭配，干活不累；报社的人员安排，性别上并无特别指定。

电视记者，搭档夫妻多，因为要合作，出双入对，搭着搭着就搭到一起去了；报社记者，同行夫妻多，感情的产生大多基于情投意合，而不是采访条口或具体稿件的合作。

电视记者，大多时间观念强，节目都是以帧掐算，时长往往分秒必争；报社记者大多散漫，天马行空，优哉游哉，截稿时间远没有交片时间那么急促、紧凑。

电视记者的人际关系，更为复杂，因为合作，往往便有龃龉，因为协调，往往便有矛盾；报纸记者，单兵作战，独来独往，少了纠葛，减了烦恼。

电视记者多猜疑，报纸记者多抑郁。

电视记者，常常自我感觉良好，一组一个条口，发稿没有外部的竞争对手，不触犯底线和边界，都可以播出；报纸记者，采访、发稿总有纠结、忐忑，哪个编辑案头的自由来稿不是堆积如山！？

电视台的记者与编辑，关系是倒置的，编辑反求记者多多出稿，大段时间要填满；报社呢？供大于求，所以记者都要下求乃至跪求编辑，给个版面，上个头条。

电视台分工协作，九九归一，最后捧红的往往是主持人；报纸记者，孜孜以求，最后大多成就的是自己。

电视记者的离婚率，往往高于报纸记者，因为合作搭档的机会多，接触异性的机会多，心动直至行动的机会就相应增多，而报纸记者，多与采访对象接触，采访则多半是“一锤子买卖”。

和盘托出以上一堆不靠谱的分析，只是为了吸引你看到以下我的核心观点：电视记者比报纸记者更依赖于一个平台的机制水平，因为它往往决定了电视人在什么运行环境下，和什么人一起合作。电视台应该比报社更为重视合作协调的机制，就像稻作区那样，头版头条的问题是，如何提供良性的合作氛围、条件，如何引导并改进不善合作、不会合作的团队，如何淘汰不合作或不愿合作的个体。

报人、电视人其实都大概知道，小合作要放下态度，彼此尊重；大合作要放下利益，彼此平衡；一辈子的合作要放下性格，彼此成就。但是，个体的自律，是不平衡的，也是不可靠的，需要机制的制约和监督。一个团队，大致有这样五种人：人渣，人员，人手，人才，人物。好的机制，简单地说，就是可以剔除人渣、提升人员、引导人手、留住人才、吸引人物的机制。这无论是对报纸还是电视，都是适用的。

（作者单位：江苏教育电视台）

再见新闻理想？

缘起

9月19日，新浪微博网友“传媒老王”发表一条微博：“深夜读了一篇在《新京报》工作了8年、现在选择离开媒体行业的女记者发在网上的一篇为什么要离开记者岗位的长文，她在结尾写道：‘总而言之，结论是：去你妈的理想，姐赚钱去了。’”新闻工作者离开新闻岗位早已不是新闻，不过当“美女”加“记者”再加“离职”等各种元素叠加在一起，“传媒老王”的这条微博还是引起了众多关注传媒的网友的注意，纷纷评论。本刊特择其一小部分，以飨读者。

众议

@路路通与嫣嫣：仍旧有无数的年轻人在等待一个来自春天早晨的敲门声，门外满头白发的詹姆斯特意前来只是为了告诉李普曼自己是多么欣赏他的文章。让我觉得新闻的光荣与梦想不会终结。如果自己就可以坚守，为何要等待下一代来实现我们的梦想。

@安之若素 Rosaline：虽然在传媒时做的不是新闻，但

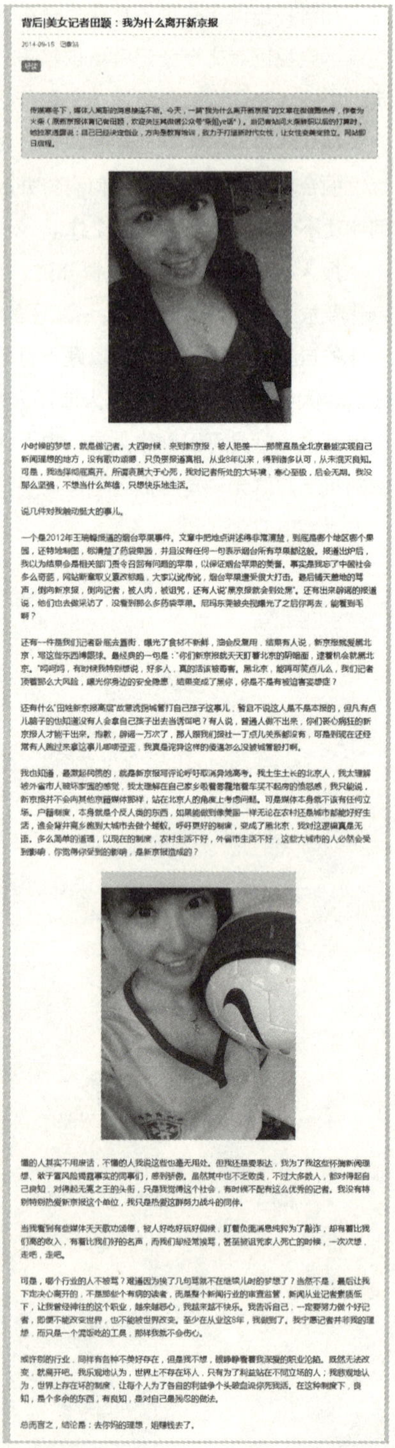

背后|美女记者田颖：我为什么离开新京报

2014-09-15

传媒寒冬下，媒体人离职的消息接连不断。今天，一篇"我为什么离开新京报"的文章在微信圈热传，作者为火柴（原新京报体育记者田颖，欢迎关注其微信公众号"柴姐ye话"）。当记者询问火柴辞职以后的打算时，她独家透露说：自己已经决定创业，方向是教育培训，致力于打造新时代女性，让女性变美变独立。网站即日启程。

小时候的梦想，就是做记者。大四时候，来到新京报，被人艳羡——那简直是全北京最能实现自己新闻理想的地方，没有歌功颂德，只负责报道真相。从业8年以来，得到诸多认可，从未泯灭良知。可是，我选择彻底离开。所谓哀莫大于心死，我对记者所处的大环境，寒心至极，后会无期。我没那么坚强，不想当什么英雄，只想快乐地生活。

说几件对我触动挺大的事儿。

一个是2012年王瑞锋报道的烟台苹果事件。文章中把地点讲述得非常清楚，到底是哪个地区哪个果园，还特地制图，标清楚了药袋果园，并且没有任何一句表示烟台所有苹果都这般。报道出炉后，我以为结果会是相关部门责令召回有问题的苹果，以保证烟台苹果的美誉。事实是我忘了中国社会多么奇葩，网站断章取义篡改标题，大家以讹传讹，烟台苹果遭受很大打击。最后铺天盖地的骂声，倒向新京报，倒向记者，被人肉，被诅咒，还有人说"黑京报就会到处黑"。还有出来辟谣的报道说，他们也去做采访了，没看到那么多药袋苹果。尼玛东莞被央视曝光了之后你再去，能看到毛啊？

还有一件是我们记者卧底去簋街，曝光了食材不新鲜，油会反复用，结果有人说，新京报就爱黑北京，写这些东西博眼球。最经典的一句是："你们新京报就天天盯着北京的阴暗面，逮着机会就黑北京。"呵呵呵，有时候我特别想说，好多人，真的活该被毒害。黑北京，能再可笑点儿么，我们记者顶着那么大风险，曝光你身边的安全隐患，结果变成了黑你，你是不是有被迫害妄想症？

还有什么"田姓新京报高层"故意诱拐城管打自己孩子这事儿，暂且不说这人是不是本报的，但凡有点儿脑子的也知道没有人会拿自己孩子出去当诱饵吧？有人说，普通人做不出来，你们丧心病狂的新京报人才能干出来。抱歉，辟谣一万次了，那人跟我们报社一丁点儿关系都没有，可是到现在还经常有人跑过来拿这事儿唧唧歪歪，我真是诧异这样的傻逼怎么没被城管殴打啊。

我也知道，最激起民愤的，就是新京报写评论呼吁取消异地高考。我土生土长的北京人，我太理解被外省市人破坏家园的感觉，我太理解在自己家乡吸着雾霾堵着车买不起房的愤怒感，我只能说，新京报并不会向其他京籍媒体那样，站在北京人的角度上考虑问题。可是媒体本身就不该有任何立场。户籍制度，本身就是个反人类的东西，如果能做到像美国一样无论在农村还是城市都能好好生活，谁会背井离乡跑到大城市去做个蝼蚁。呼吁更好的制度，变成了黑北京，我对这逻辑真是无语。多么简单的道理，以现在的制度，农村生活不好，外省市生活不好，这些大城市的人必然会受到影响，你觉得你受到的影响，是新京报造成的？

懂的人其实不用废话，不懂的人我说这些也毫无用处。但我还是要表达，我为了我这些怀揣新闻理想、敢于冒风险揭露事实的同事们，感到骄傲。虽然其中也不乏败类，不过大多数人，都对得起自己良知，对得起无冕之王的头衔，只是我觉得这个社会，有时候不配有这么优秀的记者。我没有特别特别热爱新京报这个单位，我只是热爱这群努力战斗的同伴。

当我看到有些媒体天天歌功颂德，教人好吃好玩好佣候，盯着负面消息纯粹为了敲诈，却有着比我们高的收入，有着比我们好的名声，而我们却经常挨骂，甚至被诅咒家人死亡的时候，一次次想，走吧，走吧。

可是，哪个行业的人不被骂？难道因为挨了几句骂就不在继续儿时的梦想了？当然不是，最后让我下定决心离开的，不是那些个有病的读者，而是整个新闻行业的审查监管，新闻从业记者素质低下，让我曾经神往的这个职业，越来越恶心，我越来越不快乐。我告诉自己，一定要努力做个好记者，即使不能改变世界，也不能被世界改变。至少在从业这8年，我做到了。我宁愿记者并非我的理想，而只是一个混饭吃的工具，那样我就不会伤心。

或许别的行业，同样有各种不美好存在，但是我不想，眼睁睁看着我深爱的职业沦陷。既然无法改变，就离开吧。我乐观地认为，世界上不存在坏人，只有为了利益站在不同立场的人；我悲观地认为，世界上存在坏的制度，让每个人为了各自的利益争个头破血流你死我活。在这种制度下，良知，是个多余的东西，有良知，是对自己最残忍的做法。

总而言之，结论是：去你妈的理想，姐赚钱去了。

是十分明白做记者的酸甜苦辣以及窝囊心塞。

@西瓜兵工厂：《新京报》这种民营纸媒不会有前途吧？而且还不是铁饭碗呢，做得累，趁早离开算了……要不然没保障啊。

@脑洞黑洞洞：特意去把文章翻出来看了一下，从事了8年就写出个这个玩意，把离开当做宣传，用美女当噱头。

@天高任鸟飞3568168857：出去以后会发现，哪个行业都不快乐，能力以外的资本等于零。

@天下为公2009：赚钱木错，理想继续。

@野史赫尔和：离开不易 坚守更不易 都不要为难谁了。

@记者小赵：好痛快的一句，不过发现她跑文娱口的。

@吴永泉_微眼看黄山：有多少新闻战士虽一边牢骚却仍在尽力冲锋，她累了去挣钱也正常，可将离开说得这么冠冕堂皇，悲情四射，好像是黑暗逼走她了，虽走犹荣。不可笑吗？哪个行业不是败类无数？同样的大环境，但又有多少人仍在坚守，看不见？谁都可以自由来去，但请不要打扮成落寞勇士。

@雷卡多-AAAA：到现在才吐槽的，我只能说两句：第一句，哀其不幸怒其不争；第二句，too simple ,sometimes naive.

@姚小勇：有人的地方就有江湖，全靠自觉。骂没用。哪个社会形态都一样。

@老杜传媒-杜恩湖：我认为，你应该回到《新京报》。拿起笔，重新战斗。从您离开新京报的告别文章的字行间，我看出您是充满正义，追求真理，有良知的记者。有你这样的人，中国就有希望。新闻理想不灭。

@断崖堇色：如果不是迫不得已，明年毕业一定不从事新闻行业。因为各种对自己生活并无直接关系的负面新闻会让我焦虑和悲伤，我不是救世主，承载不了太多痛苦。

@传媒老王：这位女记者在文章中说：新闻从业记者素质低下，让我曾经神往的这个职业，越来越恶心，我越来越不快乐。我告诉自己，一定要努力做个好记者。

@知乎微博狂人：对这个行业还一无所知。多看看，对我们还是有好处的。至少能做好准备，哪怕是心理准备。

@老郑的日子：马云当年是说去他妈的挣钱，老子奔理想去了。

@吴永泉_微眼看黄山：这是个混乱的时代，旧制度在破坏、新制度还在建立中的时代，是希望和失望、绝望交错重叠的时代，是充满激情却又徘徊伤悲的时代。这年份，你可以绝望而去，也可以选择逆境上行发出光芒。作为新闻老兵，见过太多猥琐黑暗，也见过太多勇士厮杀。谁离开，都正常且理解，但无需夸张，而留下战斗的值得尊敬。

假如我是一只鸟

□本刊编辑部

正如徐一龙所说，目前而言，“文本‘转型’”的确是一个非常有限度的问题。

相对于经典新闻文本，如倒金字塔结构，网络传播所带来的文本变化，还太短暂与微小，还没有经历过足够多的的时间沉淀和人心检验。

即便“两微”崛起，新闻的写作范式和阅读心理的改变，也都不是朝夕之功。而未来之所以值得期待，一方面是在意料之中，一方面更多是在意料之外。万物都在生发变化，文体也不例外。而我们不过是先行一步试错。

当然，在大环境丕变的情况下，报人情怀自当从未改变。无论是对含冤受屈者的悲悯，还是对阿姐们的理解，以及对诸如独龙江村民、维权农妇这类“权利匮乏者”的同情，其实，都是在履行一个新闻工作者作为“耳目喉舌”的应尽义务。

在热衷于离职、热衷于创业、热衷于吐槽的媒体人朋友圈中，坚持，仿佛成了异类。按照白红义的分析，如果借用经济学中“退出－忠诚－呼吁－忽视”的框架来分析，离职和创业，属于“退出”，对新闻人个体有利，而对新闻组织或新闻行业的提升帮助不大；吐槽，介入“忽视”和“呼吁”之间；坚持，大概就是“忠诚”了。“相形之下，在忠诚基础之上的呼吁则明确提出了改变组织困境的措施”。

媒体组织的困境，受到前所未有的重视——中央全面深化改革领导小组第四次会议审议通过《关于推动传统媒体和新兴媒体融合发展的指导意见》。传媒变革迎来了一个新的分水岭，报业集团也将在这场融合发展的大潮中显露各自的峥嵘。

谁，能成为最后的赢家?

这是一个关乎报人，报业，乃至整个社会行业的大洗牌。

而作为报人个体，无论身处纸媒还是网络，都应该不忘初心——

“假如我是一只鸟，

我也应该用嘶哑的喉咙歌唱：

这被暴风雨所打击着的土地，

这永远汹涌着我们的悲愤的河流，

这无止息地吹刮着的激怒的风，

和那来自林间的无比温柔的黎明……”